سلسلة التربيـة الخاصة (1)

الإعاقـــة السمعيـــة

دليل الآباء والأمهات والمعلمين وطلاب التربية الخاصة

دكتور

محمد النوبي محمد علي

كلية التربية جامعة الأزهر -مصر

أستاذ التربية الخاصة المساعد

جامعة الشرق الأوسط للدراسات العليا -الأردن

E- Mail

Dr_nopy2010@yahoo.com

دار وائل للنشر

الطبعة الأولى

2009

رقم الايداع لدى دائرة المكتبة الوطنية : (2008/12/4236)
علي ، محمد
الإعاقة السمعية / محمد النوبي محمد علي. عمان: دار وائل للنشر2008
(219) ص
ر.إ. : (2008/12/4236)
الواصفات: التعليم الخاص / الاعاقة السمعية / الصم / الاعاقات

* تم إعداد بيانات الفهرسة والتصنيف الأولية من قبل دائرة المكتبة الوطنية

****

رقم التصنيف العشري / ديوي : 371.912
(ردمك) ISBN 978-9957-11-785-6

* الإعـاقــة السمعيـة
* الدكتور محمد النوبي محمد علي
* الطبعـة الأولى 2009

دار وائــل للنشر والتوزيع
* الأردن - عمان - شارع الجمعية العلمية الملكية - مبنى الجامعة الاردنية الاستثماري رقم (2) الطابق الثاني
هـاتف : 00962-6-5338410 - فاكس : 00962-6-5331661 - ص. ب (1615 - الجبيهة)
* الأردن - عمـان - وسـط البـلد - مجمـع الفحيص التجـاري- هـاتف: 00962-6-4627627
www.darwael.com
E-Mail: Wael@Darwael.Com

بسم الله الرحمن الرحيم

﴿ وَلاَ تَقْفُ مَا لَيْسَ لَكَ بِهِ عِلْمٌ إِنَّ السَّمْعَ وَالْبَصَرَ وَالْفُؤَادَ كُلُّ أُولـئِكَ كَانَ عَنْهُ مَسْؤُولاً ﴾

صدق الله العظيم

سورة الإسراء، آية 36

إهـــداء

إلى والدى رحمه الله

رمز العطاء بلا حدود

إلى والدتي

متعها الله بالصحة والعافية

إلى زوجتي

نبع الحنان ورمز المساندة

والى أبنائي الأعزاء

" إيمان " و" حسام " و" أحمد "

والى الباحثين

في مجال التربية الخاصة

الفهرس

الفصل الرابع

قياس حدة السمع وطرق الوقاية من الإصابة بالصمم

الفصل الخامس

أساليب وفنيات التواصل لدى ذوي الإعاقة السمعية

تقديـــم

اللهم لك الشكر والحمد على نعمائك وفضائلك التي أنعمت على بالأبصار بنعمة العلم وبان جعلتها سببا في استغفار شتى المخلوقات، وبها اتصفت في علاك، وبها تفضل آدم على الملائكة؛ فالحمد لله على ما وهبني - سبحانه جل في علاه - من صبر وتوفيق وقدرة اجتزت بهم الصعاب التي واجهتني في سبيل إتمام هذا العمل المتواضع وأدعو الله - سبحانه وتعالى -أن ينال هذا العمل رضاء الله أولا ثم أساتذتي وزملائي الباحثين.

وبعـــد ،،،

تمثل حاسة السمع القناة الرئيسية التي تنتقل من خلالها الخبرات الحياتية المسموعة كما أنها بمثابة الحاسة الرئيسية التي يعتمد عليها الفرد في تفاعلاته مع الآخرين أو مع ذاته في مختلف مناحي الحياة اليومية ؛ وحدوث الإعاقة السمعية من شأنه أن يحرم ذلك الفرد من الاستجابة للمثيرات الكلامية للآخرين؛ نظرا لكونها المدخل الأساسي لمعظم المثيرات والخبرات الخارجية، ومن خلالها قد يستطيع الفرد التعايش مع الآخرين؛ وكذلك من شأنه أن يحدث خللا في التفاعل التواصلي للفرد نتيجة لحرمان الفرد من الاستجابة للمثيرات الكلامية للآخرين، الأمر الذي قد يؤثر سلبا علي شخصيته ومن ثم قد تعتريه الاضطرابات كمرجع لعوامل شتى .

وقدم الله - سبحانه وتعالي -السمع علي البصر في أكثر من آية بالقرآن الكريم للدلالة علي: أهمية حاسة السمع للإنسان وكذلك لأن ذلك: أبلغ أعجازاً في مقام انتفاع الإنسان كما في قوله تعالي: " وَاللَّهُ أَخْرَجَكُم مِّن بُطُونِ أُمَّهَاتِكُمْ لاَ تَعْلَمُونَ شَيْئاً وَجَعَلَ لَكُمُ الْسَّمْعَ وَالأَبْصَارَ وَالأَفْئِدَةَ لَعَلَّكُمْ تَشْكُرُونَ" [سورة النحل، آية 78]، وفي قوله تعالي: " وَلاَ تَقْفُ مَا لَيْسَ لَكَ بِهِ عِلْمٌ إِنَّ السَّمْعَ وَالْبَصَرَ وَالْفُؤَادَ كُلُّ أُولَـئِكَ كَانَ عَنْهُ مَسْؤُولاً " [سورة الإسراء، آية 36].

وقد شهدت الحقبة الزمنية الحالية اهتماما كبيرا بذوي الإعاقة السمعية سواء من الباحثين الذين اثروا التراث السيكولوجي للإعاقة السمعية أو من التوسع في تخصيص مدارس خاصة بهم إلا أن هذا الاهتمام مازال قاصرا نظرا لكون غالبية مدارسهم ملحقة على بعض مدارس العاديين .

ومن ثم فان الكتاب الحالي قد يعد أسهاما جديدا للمكتبة العربية في مجال التربية الخاصة نظرا لكونه متخصص يقدم الحديث في مجال ذوى الإعاقة السمعية فهو يتناول العديد من الموضوعات برؤية جديدة ومستحدثة في إطار أدبيات الإعاقة السمعية والمتغيرات البيئية والنفسية الجديدة ، ولذا يقدم نمطا شاملا للإعاقة السمعية يتضح من خلاله محاور هامة تتأثر وتؤثر في المدخلات الراهنة على بيئة ذوى الإعاقة السمعية ، وتبدأ فصول الكتاب بمفهوم الإعاقة السمعية وتصنيفاتها ، ويتعرض الباحث لتركيب الجهاز السمعي ومراحل تطور السمع لدى الطفل ، ويتناول أسباب الإعاقة السمعية ، مع استعراض فكرا جديد بتناول أهم النظريات المفسرة للإعاقة السمعية وكيفية حدوث السمع ، ويستعرض أساليب وفنيات التواصل لدى ذوى الإعاقة السمعية ، ويقدم المعينات السمعية الحديثة ، ويظهر كيفية قياس حدة السمع وطرق الوقاية من الإصابة بالصمم ، ويفسر علاقة الإعاقة السمعية ببعض مظاهر النمو لدى الطفل سواء النمو الجسمي أو اللغوي أو العقلي أو الانفعالي أو الاجتماعي ثم ينتهي الكتاب بتناول دمج ذوى الإعاقة السمعية في مدارس العاديين.

وأخيرا العمل الحالي هو عمل علمي متواضع فان كان به من جهد وتوفيق فهو من عند المولى سبحانه وتعالى وإن كان به من أخطاء فهو منى وحدي فسبحان الله له الكمال وحده.

والله ولى التوفيق ،،،

المؤلف

الفصل الأول
مفاهيم الإعاقة السمعية وتصنيفاتها

مفاهيم الإعاقة السمعية وتصنيفاتها

مقدمة :

تعتبر حاسة السمع نعمه من الله وهبها للإنسان، ليستطيع بها سماع الأصوات من حوله، بل ويستطيع كذلك أن يستمع إلي صوته هو أيضاً.

وتمثل حاسة السمع القناة الرئيسية التي تنتقل من خلالها الخبرات الحياتية المسموعة ، كما أنها بمثابة الحاسة الرئيسية التي يعتمد عليها الفرد في تفاعلاته مع الآخرين أو مع ذاته في مختلف مناحي الحياة اليومية المختلفة؛ وحدوث الإعاقة السمعية من شأنه أن يحرم ذلك الفرد من الاستجابة للمثيرات الكلامية للآخرين؛ نظرا لكونها المدخل الأساسي لمعظم المثيرات والخبرات الخارجية، ومن خلالها قد يستطيع الفرد التعايش مع الآخرين؛ وكذلك من شأنه أن يحدث خللا في التفاعل التواصلي للفرد نتيجة لحرمان الفرد من الاستجابة للمثيرات الكلامية للآخرين.

وأشار " ارماند ودياجل " Daigle, D.; Armand, F. (2008) إلى أهمية حاسة السمع على المستوى الصوتي ؛إذ توصلوا إلى أن ذوى الإعاقة السمعية اقل حساسية للتراكيب اللغوية والإيقاعات الصوتية من عاديي السمع .

أهمية حاسة السمع :

تكمن أهمية حاسة السمع في الاستقبال الصوتي وفهم وتفسير الكلام المسموع كما أن لها أهمية كبرى في إحداث التواصل بين الأفراد في المجتمع.

وقدم الله - سبحانه وتعالي -السمع علي البصر في أكثر من آية بالقرآن الكريم للدلالة علي: أهمية حاسة السمع للإنسان ولأن ذلك: أبلغ أعجازاً في مقام انتفاع الإنسان كما في قوله تعالي: " وَاللّهُ أَخْرَجَكُم مِّن بُطُونِ أُمَّهَاتِكُمْ لاَ تَعْلَمُونَ شَيْئاً وَجَعَلَ لَكُمُ الْسَّمْعَ

وَالأَبْصَارَ وَالأَفْئِدَةَ لَعَلَّكُمْ تَشْكُرُونَ" [سورة النحل، آية 78]، وفي قوله تعـالي: " وَلاَ تَقْفُ مَا لَيْسَ لَكَ بِهِ عِلْمٌ إِنَّ السَّمْعَ وَالْبَصَرَ وَالْفُؤَادَ كُلُّ أُولـئِكَ كَانَ عَنْهُ مَسْؤُولاً " [سورة الإسراء، آية 36] .

وكذلك: ارتبطت كلمة السمع بالفهم والإدراك كما في قولـه تعـالي:" هُوَ الَّـذِي جَعَلَ لَكُمُ اللَّيْلَ لِتَسْكُنُواْ فِيهِ وَالنَّهَارَ مُبْصِراً إِنَّ فِي ذَلِكَ لآيَاتٍ لِّقَوْمٍ يَسْمَعُونَ "[سورة يونس،آية 67] ، وفي قوله تعالي " وَاللّهُ سَمِيعٌ عَلِيمٌ " [سـورة التوبـة، آيـة 98] وقولـه تعالي:" وَكَانَ اللّهُ سَمِيعاً عَلِيماً " [سورة النساء، آية 148] .

ويرجع المولي عز وجل تقديم السمع علي البصر ـ ووصـف الله عـز وجـل نفسـه -سبحانه - بأنه سميع بصير للدلالة علي المعرفـة والإطلاع ببـواطن الأمـور كـما في قولـه تعالي: " قَدْ سَمِعَ اللَّهُ قَوْلَ الَّتِي تُجَادِلُكَ فِي زَوْجِهَا وَتَشْتَكِي إِلَى اللَّهِ وَاللَّهُ يَسْمَعُ تَحَاوُرَكُمَا إِنَّ اللَّهَ سَمِيعٌ بَصِيرٌ " [سورة المجادلة، آية 1] .

كما أن تقديم السمع علي البصر للعباد يعزي إلى عده أسباب أهمها: أن الجنين يكتمل سمعه قبل بصرة، وبعد ولادته مباشرة يسـمع لمـن حولـه وذلـك قبـل أن يفـتح عينيه ويري، ونجد أن المثيرات الصوتية " المسموعات " تنصب وتتراسـل عـلي الأذن مـن كل الجهات: من أعلي وأسفل ومن الأمام ومن الخلف.

ويتجلي الأعجاز العلمي في القرآن الكريم في علم الأجنة الحديثة حيـث أثبتـت الحقيقة العلمية بشكل ثابت ومؤكد أن حاسة السمع تتخلـق قبـل حاسـة البصر ـ لـدي الجنين في بطن أمه، وفي تجربه قام بها العلماء بإحداث أصوات علي مقربه من جنين في رحم أمه استجاب الجنين لهـذه الأصـوات، كـما أكـد علـماء الأجنـة أن الجنـين يسـتطيع سماع الأصوات منـذ الشـهر الخـامس، إذ تبـدأ الوظيفـة السـمعية لـلأذن بعـد (18) أسـبوعاً مـن تكـوين الجنـين، ويسـتطيع إدراك الأصـوات تماماً بعـد(24) أسـبوعاً مـن تكوينه، ويتأثر الجنين إيجابياً وسلبياً بأصوات الأم والأب وسـائر أفـراد الأسرة كـما يتـأثر بانفعالاتهم، وكذلك نجد أن الموسيقي الكلاسـيكية الهادئـة والأصـوات الجميلـة تخفـض ضربات قلبه بدرجة ملحوظة بينما

الموسيقي الصاخبة تزيد من ضربات قلبه؛ ومن أنعم الخالق على ذوي الإعاقة السمعية أن جعل جزء في المخ مكيف للتعامل مع الأحاسيس الشبيهة الصوت، ولذا فان الذين ولدوا صما يمكنهم التكيف لسماع ما تشعر به أصابعهم ومن ثم احتمال استخدام أجهزة إلكترونية ملموسة تحول الطاقة الصوتية إلى طاقات ترددية لمساعدة الأطفال الصم على الكلام وسماع الصوت (جيهان يوسف: 2000 أ؛ جيهان يوسف: 2002 ب).

ومن ثم يرى الباحث أن الخبرات الصوتية الحياتية الأولية المكتسبة يدركها الجنين تبعاً لحدتها ودرجتها، ولذا قد يصبح الجنين قادراً على تصنيفها أما إيجابا أو سلبا بل أنها تعد بمثابة العمود الفقري لخبرات الطفل عندما يأتي إلى الحياة ويبدأ في النمو؛ إذ يتم ذلك من خلال تراسل المسموعات الصوتية إلى حاسة السمع لديه.

نبذة تاريخية عن الاهتمام بذوي الإعاقة السمعية:

وجد ذوى الإعاقة السمعية ً عبر التاريخ الكثير من الإهمال وسوء المعاملة، فقد كان مجتمع الإغريق يرفض أو يتخلص من الصم، كما فعل ذلك أيضاً الرومان اعتقاداً منهم بأنهم غير مناسبين للدولة الرومانية العسكرية التي تهتم بتربية أفراد أقوياء، وعدوا الأصم أبله وغير مسئول عن تصرفاته. كما حرم القانون الإنجليزي الصم من الحقوق المدنية في الملكية وفي الانتخاب. ولكن النظرة إلى الصم قد تبدلت في عصر النهضة، حيث تم الاعتراف بحقوق الإنسان الطبيعية في الحياة بحرية وكرامة. أما في المجتمعات الشرقية وتأثير العوامل الدينية عليها، فإننا نجد اهتماماً خاصاً بالمعوقين. فقد اعتبرت الديانة البوذية المعوقين أبناء مقربين إلى بوذا، وكانوا يحظون بالعناية في المعابد البوذية. كما اهتم الإسلام بالمعوقين عموماً وحث على معاملتهم بالحسنى. ولكن الاهتمام المنظم بالمعوقين سمعياً لم يتم إلا في عام 1540م، حيث كرس أحد العلماء الإيطاليين جهوداً كبيرة لتعليم الصم الكتابة والنطق، واستخدام الإشارات اليدوية للتواصل والتفاهم.

وفي القرن الثامن عشر بدأت المدارس والمؤسسات تظهر في أوروبا، وكان معلموا الصم من رجال الدين المعروفين، وكانت الخدمات تقدم لأبناء الأسر الغنية فقـط، وكان المعلمون يحتفظون بسر المهنة لأنفسهم (Moores, 1982).

وكان ذوي الإعاقة السمعيةً أول من قدمت لهم الخدمات التربوية والتأهيليـة ذوى الاحتياجات الخاصة وتمثل ذلك في مدرسة الصم التي أسسها شخص أسباني يـدعى دي لايون De Leon عام (1578) ، وبدأت تظهر المدارس والمؤسسات الخاصة في القرن الثامن عشر في أنحاء مختلفة من أوربا، وكان معلموهم من رجال الدين المعروفين.

كما سادت في أوروبا مدرستان فكريتان لتعليم الصم؛ الأولى كانـت تركـز علـى استخدام لغة الإشارة، وتبناها الفرنسي Deleppe، الـذي أنشـأ أول معبـد لتعليم الصـم الكلام في باريس. أما المدرسة الثانيـة فكانـت تؤكـد علـى ضرورة استخدام الطريقـة الشفهية والكلام في تعليم الصم، وكان من دعاة هذه المدرسة الألمـاني صـموئيل هينـكي، والبريطاني توماس بريدوود.

وفي القرن التاسع عشر تواصلت الجهود لإنشاء مؤسسات ومدارس للعناية بذوي الإعاقة السمعية ، يديرها القطاع الحكومي والقطاع الخاص، أما في النصف الثاني من القرن التاسع عشر فقد أصبح التركيز في تربية المعوقين سمعياً على تعليم الكلام وقراءة الشفاه واللغة اليدوية (لغة الإشارة وتهجئة الأصابع).

وفي القرن العشرين تم فتح صفوف خاصة في المدارس العادية لتعليم ذوى الإعاقة السمعيةً إضافة إلى الدراسة في المؤسسات الخاصة. وتم الاهتمام بذوي الإعاقة السمعية في معظم بلدان العالم وأنشئت لهم مدارس خاصة، ومازالت الجهود متواصلة لابتكار أساليب جديدة ومتنوعة للعناية بالصم وتعليمهم لغة الإشارة، لجعلهم أعضاء نافعين لأنفسهم وللمجتمع الذين يعيشون فيه بدلاً من إبقائهم معزولين ومحرومين من التواصل مع الآخرين، والاستفادة مما لديهم من إمكانات عقلية وجسمية واجتماعية.

أما البلدان العربية فلم تكن أقل حظاً في تقديم الرعاية والاهتمام بذوي الإعاقة السمعية ، إذ أن المتفحص للخدمات التربوية التي تقدم للمعوقين سمعياً يجد تطوراً ملحوظاً في السنوات العشر الماضية، حيث أن في (1982) ما يقرب على (3727) أصم قد استفادوا من خدمات التربية الخاصة في الدول العربية، وأن (39) مؤسسة خاصة تقدم هذه الخدمات. وتشير الدراسة التي أجراها المكتب الإقليمي للجنة الشرق الأوسط لشؤون المكفوفين (1984) إلى أن عدد المؤسسات القائمة على رعاية وتربية الصم في الدول العربية بلغ (66) مؤسسة، تقدم خدمات لما يزيد عن (6300) شخصاً أصم من الذكور والإناث.

ويحتفل في كل عام في الفترة من(20-27) إبريل بأسبوع الأصم، وهذا الاحتفال يجرى بمبادرة من الاتحاد العربي للهيئات العاملة في رعاية الصم منذ عام (1975)، وهذا الأسبوع يعد مناسبة طيبة ومفيدة تهدف إلى تحسين الظروف الحياتية لذوي الإعاقة السمعية في مجتمعاتهم، وتوعية المجتمع وتعديل اتجاهاته نحو ذوي الإعاقة السمعية وتشجيعه على توفير أفضل الفرص لهم ليعيشوا حياة كريمة كغيرهم من أبناء المجتمع (أحمد الزعبي: 2003، 121).

وفي الولايات المتحدة الأمريكية أنشئت المؤسسة الأمريكية لتعليم الصم والبكم (1817) وذلك على يدي توماس جالوديت Thomas Gallaudet .

وفي القرن التاسع عشر تواصلت الجهود لإنشاء مدارس ومؤسسات يديرها القطاع الخاص والقطاع الحكومي ، وفي النصف الثاني من القرن التاسع عشر أصبح التركيز في تربية ذوي الإعاقة السمعية على تعليم الكلام وقراءة الشفاه واللغة اليدوية (لغة الإشارة) ، وكان من رواد التربية الخاصة للصم في أمريكا "الكسندر جراهام بل" Alexander Graham Bell وهو الذي اخترع جهاز الهاتف.

وفي القرن العشرين أصبح بإمكان ذوي الإعاقة السمعيةً الدراسة في صفوف خاصة في المدارس العادية إضافة إلى الدراسة في المؤسسات الخاصة، وكذلك أنشئت مدارس ذوى الإعاقة السمعية في مختلف دول العالم بما في ذلك الدول العربية.

معدل انتشار الإعاقة السمعية:

أشار المركز العالمي لإحصاءات الصحة (1994) إلي أن نسبة ضعاف السمع تتوزع كما يلي: 5% من الأطفال والمراهقين بين(13 - 17) عاما ممكن لديهم بعض درجات ضعف السمع، وأن 23% من بين الأفراد في عمر(18 - 44) عاما لديهم ضعف سمعي، وبين (45 - 64) عاما منهم 29% ضعاف السمع، وفي سن (65) عاما فأكثر نسبة ضعاف السمع منهم 43%، ويشير نفس الإحصاء إلي أن معدل انتشار الإعاقة السمعية عام 1971 كان 69 لكل 1000 فرد وتزايدت هذه النسبة عام(1991) إلي 86.1 لكل 1000 فرد (Jackson, P., :1997) .

ويرى "هايس وآخرون"(Hayes, D. et al. (1997 أن نسبة الإعاقة لدى ذوى الإعاقة السمعية الأكثر من 80 ديسيبل في درجة فقد السمع تتراوح بين طفل لكل 1000 طفل, ولكن في فئة الإعاقة البسيطة والمتوسطة تكون أكثر انتشاراً وتقدر بنحو 3 أطفال لكل 1000 طفل، ويذكر نفس المؤلفين أنه في دراسة أخرى عام(1994) وجد أن النسبة تصل إلى 6 أطفال لكل 1000 طفل لديهم إعاقة سمعية حس عصبية من النوع المتوسط والشديد والحاد .

ويشير" باباس"(Pappas(2000 إلى أن نسبة انتشار فقدان السمع الحس عصبي المتوسط والحاد بنحو 0.5 : 1 لكل 1000 مولود، ولكن هذا التقدير يختلف عنه في البلاد النامية، فيقدر بين أطفال البلدان النامية في سن 6 سنوات بنحو 1.5 : 2 لكل 1000 طفل.

وقد تم إجراء بحث فى مصر على حوالي 8 آلاف تلميذ فى سـن 6 – 12 عامـا ، ووجد أن نسبة ضعف السمع بينهم تبلغ 7.7%، مـنهم 5% نتيجـة رشـح خلـف طبلـة الأذن, و2% نتيجة التهاب صديدى مزمن بـالأذن، و 0.7% نتيجـة صـمم حسـي- عصـبي (حسن سليمان: 1994) .

وتقدر أخر إحصائيات منظمة الصحة العالميـة عـدد ذوى الإعاقـة السـمعية فى جميع أنحاء العـالم بحـوالي (150) مليـون شخص أي بنسـبة (2.5%) مـن ذوى الإعاقـة السمعية بل أن الواقع أكثر من ذلك لان هذا الرقم يمثل المسجلين فقط (عبد الحميـد يوسف: 2002).

وفى مصر أكثر مـن (3) ملايين مـن ذوى الإعاقـة السـمعية مـنهم عـلى الأقـل (50%) فى سن الشباب ويضاف إلـيهم آلاف مـن العـاملين فى الصناعة سنويا (جيهـان يوسف:1999).

مفاهيم الإعاقة السمعية وتصنيفاتها

تنصب المفاهيم الرئيسية للإعاقة السمعية حول المفاهيم التربويـة، الطبيـة، الاجتماعية، القانونية، والتعليمية (الدراسية) ، ويتضح ذلك من خلال التناول التالي :

أولاً: المفهوم التربوي:

يربط المفهوم التربوي للإعاقة السمعية بين فقدان السمع ونمـو الكـلام واللغـة، ويتناول المفهوم التربوي فى إطار توضيح مفهوم الأطفال ذوى الإعاقـة السـمعية " الصم وضعاف السمع وسوف يقوم الباحث باستعراض تلك المفاهيم فيما يلى :

ويبين " لايـن " Liben . L (1978) مفهوم الأطفال الصـم: مـن خـلال وصـفهم بفاقدي حاسة السمع قبل اكتساب اللغة ، ومن ثم تكمن الصعوبة فى اكتسـاب اللغـة ، صمم

ما قبل اللغة ، أما فاقدي حاسة السمع بعد اكتساب اللغة فإنهم يتمتعون بمهارات تمكنهم من التعليم .

ويشير مؤتمر البيت الأبيض بصحة الطفل وحمايته إلى أنهم: أولئك الـذين أصيبوا بالصمم بعد تعلم اللغة والكلام مباشرة حتى أن آثار الـتعلم قـد فقـدت بسرعة (فتحي عبد الرحيم: 1983). ويتم الربط بين فقدان السمع وإعاقة بناء اللغة والكلام حيث يوسموا بأنهم: الذين يولدون فاقدين السمع تماماً، أو يفقدون السمع لدرجـة تكفي لإعاقة بناء الكلام واللغة قبل تكوين الكلام واللغة لديهم، وكذلك فاقدي السمع في مرحلة الطفولة المبكرة قبل تكوين الكلام واللغة بحيث لا تصبح لديهم القدرة علي الكلام وفهم اللغة (منال منصور: 1983).

ويتفق مع ذلك " جود " Good (1985) حينما وصفهم بأولئك الـذين تكون حاسة السمع لديهم غير كافية لفهم الكلام سواء بمساعدات سمعية أو بدونها.

بينما يري عبد المطلب القريطي (1996)أن الأطفال الصـم : هـم الـذين لا يمكنهم الانتفاع بحاسة السمع في أغـراض الحيـاة العاديـة سـواء مـن ولـد منـهم فاقـداً للسمع تماماً، أو بدرجة أعجزتهم عن الاعتماد علي آذانهم في فهم الكلام وتعلم اللغة .

ويلقبهم يوسف هاشم (2000) بذوي الفقـد السـمعي الأمـر الـذي يجعـل مـن المستحيل عليهم فهم الكلام المنطوق بسبب عدم الاستفادة مـن حاسـة السـمع لكونهـا معطلة.

ويذكر مصطفي القمش (2000) تعريفاً وظيفياً للأطفـال الصـم يعتمـد علـي مدي تأثير الفقدان السمعي علـي إدراك وفهـم الكلـمات المنطوقـة إذ يصـفهم بأولئك: الذين لديهم انحرافا في السمع يحد من القدرة علي التواصل السمعي – اللفظي.

ويصفهم سعيد العزة (2001) بكونهم لا يسمعون كمرجع لفقد القـدرة علـى السمع ومن ثم عدم استطاعتهم اكتساب اللغة وفهمها وعدم القدرة على الكلام تبعـا لذلك.

بينما يعرفهم عبد الحميد يوسـف (2002) بأولئك الـذين يمـنعهم عجـزهم السمعي عـن توظيـف المعلومـات اللغويـة خـلال السـمع سـواء باسـتخدام أو بـدون استخدام معين سمعي.

ويذكر عبد المطلب القريطي (2001) أن الإعاقة السمعية أو القصور السمعي مصطلح عام يغطي مدى واسع من درجات فقدان السمع يتراوح بين الصمم أو الفقدان الشديد الذي يعوق عمليـة تعلـم الكلام واللغـة ، والفقدان الخفيـف الـذي لا يعـوق استخدام الأذن في فهم الحديث وتعلم الكلام واللغة .

ويتضح للباحث أن السن التي حدثت فيها الإعاقة السمعية تؤثر في الطفل ذي الإعاقة السمعية من حيث مرجعيه تعلمه أو عدم تعلمه للغة والكلام الأمـر الـذي قـد يؤثر علي إحداث تنمية تواصلية لدية عبر اللغة والكلام السابق تعلمها واختزالها لديه إن وجد.

أما ضعاف السمع: فيتسموا بضعف قدراتهم السـمعية ولذا يوصفوا: بالذين يتعلمون الكلام واللغة بالطريقـة النمائيـة العاديـة نتيجـة للـنقص الحـادث في حاسـة السمع (في القـدرة السـمعية) ولـذا فـإن الضرورة تقتضي ـ استخدام أجهـزة أو أدوات مساعده حتى يتمكنوا من فهم الكلام المسموع (فتحي عبد الرحيم ، حليم بشاي: 1988؛ كمال سيسالم: 1988).

ويطلق عليهم ذوى السمع المحدود، ويكون نمـوهم في الحـديث واللغـة وفقـاً للنمط العادي علي الرغم من تخلفه، ويحتاجون في تربيتهم إلى ترتيبات خاصة (أحمد يونس، مصري حنوره : 1991).

ولهذا تؤدي حاسة السمع عندهم وظائفها، ولكـن بدرجـة أقـل، وهـم قـادرون علي فهم اللغة والكلام باستخدام الأجهزة السمعية (السيد عبد اللطيف: 1994).

ويوصفوا بأولئك الذين فقـدوا جـزءا مـن السـمع بحيـث لا يسـتطيعون سـماع بعض أجزاء الكلام (يوسف هاشم: 2000).

ويطلق عليهم ذوى الفقد الجزئي للقدرة السمعية وذلك بعد تكوين مهارة الكلام والقدرة على فهم اللغة والاحتفاظ بالكلام ومن ثم يحتاجون إلى وسائل سمعية معينة (سعيد العزة: 2001).

ويشير الباحث: إلى اتسام ضعاف السمع بوجود عطب أو تعطل جزئي لحاسة السمع لديهم سواء منذ الولادة أو قبل تعلم الكلام أو بعده ..... الأمر الذي يؤدى بدوره إلى إحداث فقدا سمعياً جزئيا ومن ثم يتم اللجوء إلى استخدام معينات سمعية لتعويض النقص الحادث في المجال السمعي كمرجع لذلك التعطل الجزئي.

التصنيف التربوي:

يتم تصنيف الإعاقة السمعية من منظور تربوي في ضوء العلاقة بين التعلم وبناء الكلام واللغة ، ويظهر ذلك التصنيف في التناول التالي :-

أولا: تبعاً لحده الصوت التي يستقبلها الفرد:

إذ يشير كل من " مورتان وريتشارد " (1980) (Morthan & Richard) إلى أن هناك بعضاً من الأفراد الذين يستطيعون سماع الأصوات عالية التردد يعتبر ذي الإعاقة السمعية ، ولذا يواجه مشكلات في استقبال وفهم الأصوات المتماثلة أو الحروف الساكنة ... ويضيف الباحث أن الفرد الذي لا يستطيع سماع الأصوات منخفضة التردد يواجه صعوبة في التعرف علي الأصوات.

ثانيا: تبعاً لزمن الإعاقة:

وتركز ماجدة عبيد (1992): علي التصنيف الزمني للإعاقة من خلال نوعين من الصمم علي أساس لغوي وهما:

1- صمم ما قبل اللغة Pre lingual Deafness

ويتسم أولئك الأطفال بفقدهم للحاسة السمعية قبل اكتسابهم اللغة أي قبل سن الثالثة، الأمر الذي ينتج عنه محدودية خبراتهم وعدم قدرتهم علي تعلم اللغة والكلام.

2- صمم ما بعد اللغة Post lingual Deafness

ويشار به إلى الصمم الذي يصيب الأطفال بعد سن الخامسة، أي بعد اكتسابهم اللغة والكلام حيث يوجد لديهم العديد من المفردات اللغوية، ولكنهم لا يستطيعون تنميتها إلا بتوافر بيئات تربوية مناسبة لذلك.

ويقسم كل من أحمد اللقاني وأمير القرشي (1999) تصنيف الإعاقة السمعية: علي أساس الوقت أو المرحلة التي حدث فيه فقدان السمع إلى نوعين هما:

1- الصمم الولادي The Congenitally Deafness

ويوصف به الأفراد الذين ولدوا وهم مصابون بالصمم.

2-الصمم العارض The Adventitiously Deafness

ويوصف به الأفراد الذين ولدوا بقدرة سمعية عادية ولكن لم تعد الحاسة السمعية لديهم تقوم بوظيفتها بسبب حدوث مرض أو إصابة.

ثانياً المفهوم الطبي:

يتمركز المفهوم الطبي للإعاقة السمعية حول العجز والتلف السمعي نتيجة لسبب عضوي ولادى أو مكتسب وذلك في مجال علم السمع Audiology وهو المجال الذي يهتم بدراسة السمع ما كان منه عاديا أو منحرفا، ويركز علم السمع على قياس فقدان السمع في إطار حساسية الفرد لسماع ارتفاعات الأصوات على ذبذبات مختلفة، وقياس مدى الحساسية بالديسبل Decibel وهو وحدة قابلة للقياس لشدة الصوت، وكلما أرتفع الصوت ازدادت شدته ، ونستعرض التناول الطبي للإعاقة السمعية فيما يلي:

يشير " هردر وهردر" Herder & Herder(1972) إلي أن الأطفال الصم: هم أولئك الذين لديهم غياب كامل للسمع نتيجة لعوامل وراثية أو نتيجة الإصابة أثناء فترة الحمل أو التعرض للحوادث.

ويصفهم "بنجامين وولمان" Benjamin G. & Wolman (1973) بأنهم ذوو القدرة المفقودة في جهاز السمع الأمر الذي يترتب علية عدم أحداث أي ترددات أو ذبذبات صوتية لأي مثير سمعي.

ويعزي ذلك لكونهم لا يسمعون بكلتا الأذنين اللتان تكونان غير قادرتين تماماً علي الاستقبال أو التعامل مع الأصوات البشرية، حتى في ظل أقصي درجة من التكبير السمعي (إيهاب الببلاوي : 1995) .

ويشير مصطفي القمش (2000) إلى أن الأطفال الصم هم أولئك الذين تحول إعاقتهم السمعية دون فهمهم للكلام المنطوق عن طريق حاسة السمع وحدها سواء باستخدام السماعة الطبية أو بدونها.

أما ضعاف السمع: فيلقبهم " ايسلديك والجوزين " Eysseldke & Algozzine
(1984) بأولئك الذين يعجز سمعهم عند حد معين (35 – 69) ديسيبل ولذلك يصعب عليهم فهم الكلام بسهولة .

ويطلق عليهم علي مفتاح (1988) الأشخاص الذين فقدوا أجزاء من سمعهم علي الرغم من أن حاسة السمع لديهم تؤدي وظيفتها، ولكن بكفاءة أقل، ولذا يصبح السمع لديهم عادياً عند الاستعانة بالأجهزة السمعية. ويصفهم عادل الأشول (1987) بذوي حدة السمع المنخفضة لدرجة احتياجهم لخدمات معينة قبل التدريب علي السمع وقراءة الكلام والعلاج الكلامي أو معينات سمعية.

ويعرفهم جمال الخطيب وآخرون (1992) بأولئك الذين يمتلكون قدرة سمعية متبقية عند استخدامهم سماعة طبية تمكنهم من معالجة المعلومات اللغوية بنجاح من خلال حاسة السمع.

ويشير رجب علي (1993) إليهم بذوي الشكوى مـن ضعف في حاسـة السـمع ويمكنهم تبعا لذلك من الاستجابة للكلام المسموع بطريقة تدل علي إدراكهم لـما يـدور حولهم بوسيلة سمعية.

ويرجع حسن سليمان (2001) تلك الشكوى نتيجـة للمعانـاة مـن ضـعف في السمع في الأذنين علي ألا تقل درجة فقدانه في الأذن الأحسن سمعاً عن أربعـون وحـدة سمعية أو أكثر.

وفي إطار ذلك يمكن وصف ضعاف السـمع: بأولئـك الـذين تضـطرب حاسـتهم السمعية بصورة جزئية نتيجة حدوث تعطل في مكان ما في الأذن الخارجيـة أو الوسـطي أو الداخلية أو في العصب السمعي أو في مركز السمع بالمخ .

التصنيف الطبي:

يركز التصنيف الطبـي عـلى الاضـطراب السـمعي نتيجـة عـرض مـا أو خلـل في الجهاز السمعي، ويتضح ذلك كما في الجدول التالي:

أولا: تبعاً لدرجة فقد السمع :

فقد ذهب " كوفمان "(Kauffman(1981 ومنظمة الصحة العالميـة لتصـنيف فقدان السمع كمافي الجدول التالي:

جدول (1)

تصنيف فقدان السمع تبعاً لدرجة فقد السمع

مستوي الإعاقة السمعية	فقدان السمع	فقدان السمع	مستوي الإعاقة السمعية
ضعف سمعي طفيف	يصل الفقدان السمعي فيه ما بين (26-54) ديسيبل	ما بين(26-40) ديسيبل ما بين(41-55) ديسيبل	ضعف سمعي ضعيف ضعف سمعي معتدل
ضعف سمعي متوسط	يصل الفقدان السمعي فيه ما بين (55- 69) ديسيبل	ما بين (56- 70) ديسيبل ما بين (70 – 91) ديسيبل	ضعف سمعي معتدل الشدة ضعف سمعي شديد
ضعف سمعي شديد	وتكون درجة الفقدان السمعي فيه ما بين (70-89) ديسيبل	أكثر من (91) ديسيبل	ضعف سمعي عميق
ضعف سمعي عميق	ويصل الفقدان السمعي به من(90) ديسيبل فأكثر	(100) ديسيبل	فقدان سمعي تام

ثانيا: تبعاً لموقع الإصابة:

ويتدرج ذلك التصنيف علي أساس الأضرار التي تصيب الجهاز السمعي كما يلي :-

أ-الصمم التوصيلي: ومرجعه لاضطراب أعضاء الآذن مثل: ثقب طبلة الأذن أو إصابه إحدى عظيمات الأذن بعطب.

ب-الصمم النقلي: ويعزي للأعصاب التي تصيب القوقعة أو العصب السمعي الموصل للمخ .

جـ-الصمم الحسي – العصبي: وينتج من الإصابة في الأذن الداخلية أو تلف العصب السمعي الموصل إلى المخ مما يستحيل معه وصول الموجات الصوتية للأذن الداخلية مهما بلغت شدتها، أو وصولها محرفة وبالتالي تعجز مراكز الترجمة في المخ عن تفسيرها.

د- اضطراب السمع المركزي: ويتسم باضطراب في المركز السمعي في المخ من سلامه أجهزة السمع بالأذن، ومن ثم لا يستطيع الفرد المصاب به أن يميز بين المؤثرات السمعية .

هـ-الصمم الحادث قبل تنمية اللغة: ويشير إلى الصمم الموجود عند ولادة الطفل أو الذي حدث في وقت مبكر من حياته قبل أن ينمو لديه الكلام أو اللغة.

ز-الصمم الحادث بعد تنمية اللغة: وهو صمم يحدث في أي سن بعد تنمية اللغة.

ع-الصمم المختلط: وهو الذي يجتمع فيه كلا النوعين من الصمم التوصيلى والعصبي (رمضان القذافي: 1994؛ كمال سيسالم: 1988؛ عبد المطلب القريطي: 1996 ؛ عبد الحميد يوسف :2002).

والتصنيف الطبي للإعاقة السمعية يعتمد في تحديد الصمم الكلى على: تلف مركز السمع بالمخ أو العصب السمعي، وكذلك يرتكز في تحديد الصمم الجزئي على وجود عطب ما في الأذن الخارجية أو الوسطى أو الداخلية، ومن ثم فان حدوث الصمم أو الإعاقة السمعية قبل أو بعد اكتساب اللغة والكلام يؤثر تبعاً للعطب السمعي الحادث ودرجة أو إمكانية التدخل لإصلاحه.

ثالثاً: المفهوم الاجتماعي:

يدور المفهوم الاجتماعي للإعاقة السمعية حول عدم القدرة علي التواصل مع الآخرين بفاعلية في المحيط الاجتماعي، ولذا يتم تعريف الأطفال الصم: بأنهم الـذين حرموا من حاسة السمع لدرجة تجعلهم غير قادرين علي سماع الكلام المنطوق، حتى مع استعمالهم لمعينات سمعية، ولذا يضطرون لاستخدام أساليب أخري للتواصل مـع الآخرين (عبد العزيز الشخص: 1985).

ويتم الربط بين الاستجابة للأغراض التعليمية والاجتماعية والبيئة السمعية مـن خلال وصفهم بأولئك الذين فقدوا حاسة السمع منذ الميلاد أو قبل تعلم الكلام، أو حتى بعد تعلـم الكـلام، بدرجـة لا تسـمح لهـم بالاسـتجابة الطبيعيـة للأغـراض التعليميـة والاجتماعية في البيئة السمعية (علي عبد النبي: 1996).

وأشار" هادجي اكاكو وآخـرين " Hadjikakou, K. (2008) إلى ارتباط الأداء الاجتماعي بصورة ايجابية بالتواصل اللفظي بين الطلاب ذوى ضعف السـمع عنـه لـدى الطلاب ذوى الصمم الكلي .

ويبين أيمن المحمدي (1998) سبب اعتماد الأطفال الصم علي حاسـة الأبصـار من خلال وصفهم بأنهم: الذين حرموا من حاسـة السمع في مرحلـة مبكـرة مـن العمـر بدرجة تجعلهم يعتمدوا اعتمادا كلياً علي حاسـة الإبصار وغيرهـا مـن طـرف التواصـل للتعامل مع بيئته.

ويتفق مصطفي القمـش (2000) مـع التعريف السـابق وذلـك في وصـفهم بأولئـك الـذين لـديهم انحرافا في السـمع يحـد مـن القـدرة علـي التواصل السـمعي - اللفظي.

ويرى محمد عبد الحى (2001) أن الإعاقة السمعية مصطلح يعنى تلك الحالـة التي يعانى منها الفرد نتيجة عوامل وراثية أو خلقية أو بيئية مكتسبة من قصور سمعي يترتب عليه آثار اجتماعية أو نفسية أو الاثنتين معاً، وتحول بينه وبين تعلم وأداء بعـض الأعمـال والأنشطة الاجتماعية التي يؤديها الفرد العادي بدرجة كافية من المهارات، وقد يكون

القصور السمعي جزئياً أو كلياً، شديداً أو متوسطاً أو ضعيفاً، وقد يكون مؤقتاً أو دائماً، وقد يكون متزايداً أو متناقصاً أو مرحلياً.

ويتضح للباحث: أن الأطفال الصم: هم أولئك الذين لديهم قصوراً في الاستجابة السمعية للمثيرات الصوتية بصورة تامة، نتيجة لخلل في التفاعل الطبيعي مع الآخرين كمرجع للقصور الحادثة في الجوانب التواصلية لديهم، ولذا يشوب أنماط تفاعلاتهم مع الآخرين الضعف والفشل الاجتماعي، ومن ثم فقد تسيطر عليهم الانعزالية والاستجابات المنخفضة في المحيط الاجتماعي.

أما الأطفال ضعاف السمع: فيصفهم مصري حنوره (1982) بأولئك الذين لا ترقي قدرتهم علي السمع إلى مستوي قدرة أقرانهم عادي السمع في نفس العمر، من حيث كون قدرتهم تكون أقل من متوسط القدرة عند الأطفال عادي السمع وفقاً لدرجات متباينة.

ويلفت علي عبد النبي (1996) الانتباه إلى كونهم يعانون من عجز أو نقص في حاسة السمع بدرجة لا تسمح لهم بالاستجابة الطبيعية للأغراض الاجتماعية إلا من خلال استخدام وسائل معينة.

ويشير الباحث إلى كون ضعاف السمع يعانون من نقص في القدرة علي التواصل مع أقرانهم عادي السمع في مثل عمرهم ومثل مرحلتهم النمائية لدرجة المعاناة من بعض القصور التفاعلي مع الآخرين .

رابعاً: المفهوم القانوني:

تناول قرار مجلس الوزراء بالمملكة العربية السعودية رقم (34) لسنة 1400 هـ من خلال اللائحة الأساسية لبرامج تأهيل المعوقين بالمملكة العربية السعودية مادة (7): الصم والبكم ، الصم ، والبكم ، ضعاف السمع(اللائحة الأساسية لبرامج تأهيل المعوقين بالمملكة العربية السعودية :1990) .

ثم عرفت التوصية العربية رقم (7) لعام (1993) بشأن تأهيل وتشغيل المعوقين: المعوقون حسياً بكونهم الأشخاص الذين نقصت قدرتهم الحسية لوظيفة عضواً، أو أكثر لديهم، ومنهم فئة الصم والبكم وضعاف السمع الذين لا يجدي معهم تصحيح السمع التوصية العربية رقم (7) بشأن تأهيل وتشغيل المعوقين لسنة (1994). في حين أن قرار السيد: رئيس مجلس الوزراء المصري رقم (3452) الصادر بتاريخ 1997/11/14 والخاص بإصدار اللائحة التنفيذية لقانون الطفل " الباب الخامس " والخاص برعاية الطفل المعوق وتأهيله مادة   (157) تناول فئتي ذوي الإعاقة السمعية فيما يلي: الأطفال الصم: ويقصد بهم أولئك الأطفال الذين فقدوا حاسة السمع أو كان سمعهم ناقصاً إلى درجة أنهم يحتاجون لأساليب تعليمية للصمم تمكنهم من الاستيعاب دون مخاطبة   كلامية (اللائحة التنفيذية لقانون الطفل المصري: (1998.

الأطفال ضعاف السمع : وهم الذين يعانون من سمع ضعيف لدرجة أنهم يحتاجون في تعاملهم اليومي إلى ترتيبات خاصة أو تسهيلات ، ولديهم رصيد من اللغة والكلام الطبيعي(إبراهيم القريوتي: 1999) .

ويتناول منشور الإدارة المركزية للتنمية الاجتماعية " وزارة الشئون الاجتماعية" لعام(1996) رقم (435) بتاريخ 1996/5/25 بشأن إعاقة السمع والتخاطب، وذلك فيما يلي :

الاضطراب السمعي : وهو كل ما ينتج من خلل في ميكانيكية السمع سواء ناتج عن أسباب تشريحية مثل العيوب الخلقية بالأذن (جزء منها أو كلها) أو التهابات أو أسباب وظيفية مثل فقدان الإحساس بنغمة معينة أو عده نغمات كذلك عدم القدرة علي تفسير الكلام .

الإعاقة السمعية: وهو ما ينتج عن الاضطراب السمعي ويؤثر علي الكفاءة الشخصية في النشاطات الحياتية اليومية وتقارير درجة الإعاقة بدرجة تأثيرها علي هذه النشاطات وغالباً ما يكون تأثيرها محدود.

السمع الطبيعي : وهم الأشخاص الذين لا يعانون من أي أمراض بالأذن سابقة أو حالية أو وجود عيوب خلقية ولا يشكو من اضطراب السمع أو عدم القدرة علي تفسير الكلام أو طنين الأذن وحدود السمع الطبيعي يقع بين (صفر - 25) ديسيبل وذلك في مجال الترددات من (500 – 2000) هرتز (منشورات الإدارة المركزية للتنمية الاجتماعية : 1996).

الحقوق القانونية لذوى الإعاقة السمعية:

إن مصر كانت من الدول العربية السباقة في تقنين حقوق ذوي الاحتياجات الخاصة إذ تعود البدايات الأولى لهذه الحقوق إلى عام (1950) وهو تاريخ صدور قانون الضمان الاجتماعي الذي أشار إلى الحقوق الاجتماعية للمعوقين، والـذي يعد المرجع الأساسي لقانون رقم (91) لسنة 1959 الذي تناول حقوق المعوقين في العمل إذ خصص لها أربع مواد، والقانون رقم (39) لسنة 1975 بشأن تأهيل المعوقين والذي أشتمل على عدد مـن المـواد المتعلقـة بتحديد مفهوم الإعاقـة وبيـان حقوق المعاقين في التأهيل والعمل.

خامساً: المفهوم التعليمي (الدراسي) :

يذهب كل من ايسلديك والجـوزين Algozzin & Ysseldyke (1995) إلى أن الإعاقة السمعية تعني القصور فى السمع بصفة دائمة أو غير مستقرة والذي يؤثر بشكل سلبي على الأداء التعليمي للطفل .

وقد صدر القانون رقم 68 لسنة (1968) بشأن التعليم العـام: وورد نص فيـه علي إنشاء مدارس لتعليم ورعاية التلاميذ المعوقين بما يكفل إتاحة الفرصة لهم للدراسة بما يتفق مع قدراتهم ...... كما نص علي أنه إذا أنشـئت بجهة مـا مـدارس أو فصول ابتدائية لتعليم ورعاية الأطفال المعوقين طبـق حكم الإلزام بالنسبة للمعوقين بهذه الجهة وتقوم مديريات التربية والتعليم والإدارات التعليمية بتحويل المعوقين مـن مدارس التعليم العام إلى مدارس وفصول التربية الخاصة وفي العام الـدراسي 1995 / 1996 كان يجمـع مدارس التربية والتعليم (20892) تلميذ يضمهم(2253) فصل دراسي موزعة علي (165) مدرسة متخصصة لتعليم المعوقين، (204) مدرسة بهـا فصل أو أكثر للمعوقين.

نظام الدراسة لذوي الإعاقة السمعية :

وتضم فئتان : الأولى : الصم : وهذه الإعاقة غالباً ما تكون مصحوبة بإعاقة التخاطب .

والثانية: ضعاف السمع: وهم الذين لديهم رصيد من اللغة والكلام.

1- مرحلة رياض الأطفال: وتقبل الأطفال ذوي الإعاقة السمعية من (4- 6) أعوام وتعد نوعا من التدخل المبكر للحد من الآثار المترتبة على الإعاقة السمعية بهدف الوقاية الأولية.

2- الحلقة الابتدائية: ومدة الدراسة بها 8 سنوات، ويقبل بهذه المدارس الأطفال ذوي الإعاقة السمعية: من(5-7) أعوام في أول أكتوبر من العام الدراسي وضعاف السمع من(6-8) سنوات.

3- الحلقة الإعدادية المهنية: ومدة الدراسة بها (3) سنوات وعند إتمامها بنجاح يعطي الطالب شهادة التمام الدراسة الإعدادية المهنية للصمم وضعاف السمع.

4- المرحلة الثانوية الفنية : ومدة الدراسة بها (3) أعوام وعند إتمامها يعطي الطالب دبلوم المدارس الثانوية الفنية للصم وضعاف السمع ، ومناهج الدراسة بهذه المدارس وفق مناهج التعليم العام في المواد الثقافية ووفق مناهج التعليم الفني في المواد العملية ، وتسير المدارس وفق النظام الداخلي والخارجي.

وطبقاً للقرار الوزاري رقم (37) لسنة 1990 المادة (11) بشأن اللائحة التنظيمية لمدارس وفصول التربية الخاصة فقد تم الاتفاق علي التعريف والتصنيف التالي في قبول الأطفال الصم وضعاف السمع بالمدارس وهي:

أولا: حالات الأطفال الصم:

أ- حالات الصمم بأنواعه المختلفة: وتشمل الأطفال الذين يتراوح سمعهم بين (70-120) ديسيبل في أقوى الأذنين بعد العلاج.

ب-حالات الضعف السمعي الشديد: وتشمل الأطفال الذين تتراوح عتبة سمعهم بين (50-70) ديسيبل في أقوى الأذنين بعد العلاج، ولديهم ذكاء متوسط وليست لديهم حصيلة لغوية مناسبة بمدارس وفصول ضعاف السمع.

ومن ثم يطلق على الأطفال الصم: بأنهم الذين فقدوا حاسة السمع أو من كان سمعهم ناقصاً لدرجة أنهم يحتاجون إلى أساليب تعليمية تمكنهم من الاستيعاب دون مخاطبة كلامية الأمر الذي يحول بين متابعتهم الدراسة بصورة مقبولة .

ثانيا: حالات الأطفال ضعاف السمع:

1-حالات الأطفال ضعاف السمع: وهم الأطفال الذين تتراوح عتبة السمع لديهم بين (25-45) ديسيبل ولديهم ذكاء متوسط، وليست لديهم حصيلة لغوية تمكنهم من متابعة الدراسة في المدارس العادية.

2-حالات الأطفال ضعاف السمع: وهم الأطفال الذين تتراوح عتبة السمع لديهم بين (50-75) ديسيبل ولديهم ذكاء فوق المتوسط، وليست لديهم حصيلة لغوية مناسبة.

ومن ثم يعرف الأطفال ضعاف السمع: بأنهم الذين لديهم سمع ضعيف لدرجة أنهم يحتاجون في تعليمهم إلى ترتيبات خاصة أو تسهيلات ليست ضرورية في كل المواقف التعليمية التي تستخدم للأطفال الصم، كما أن لديهم رصيداً من اللغة والكلام الطبيعي (عبد الرحمن سليمان:1999؛ وزارة التربية والتعليم: 2002؛ يوسف هاشم:1998؛ إيهاب الببلاوي ، أشرف عبد الحميد : 2002) .

الفصل الثاني
تركيب الجهاز السمعي ومراحل تطور السمع لدى الطفل

تركيب الجهاز السمعي ومراحل تطور السمع لدى الطفل

مقدمة :

تظهر عظمة الخالق وقدرته على خلق الإنسان وإبداع ذلك الخلق مـن خـلال استعراض وظيفة حاسة واحدة مـن الحـواس التـى مـن الله سبحانه وتعالى بهـا علـى الإنسان وهى حاسة السمع .

وبين " هانز" (Hans , S.(2008 أن حاسـمة تمثل النافـذة الأساسية لخـبرات الأطفال منذ الميلاد وحتى المـمات ؛إذ انها تسـهم بفاعلية فى التقـاط دلالات التفاعـل الانساني والتعبيرات المعبرة عن المشاعر والانفعالات من قبل الأفراد .

مكونات الجهاز السمعي

صور الله سبحانه وتعالى الأذن بإبداع وتناسق ودقة متناهية ، وحكمته سبحانه تتجلى من خلال استعراض تركيب الأذن ، فللأذن وظيفتين أساسيتين هما السمع وحفظ التوازن؛ إذ أن تجميع الأذن (أو الصيوان) للصوت ونقله بشكل ميكانيكي عـبر غشـاء طبلة الاذن والعظيمات الثلاث إلى القوقعة في الأذن الداخلية يحول خلايا القوقعة الصوت إلى نبضات كهربائية ترسل إلى مركز السمع عبر العصب الثامن، ومنها إلى الدماغ فتحدث عملية السمع.

ويعد الجهاز السمعي أحدى معجزات الخالق عز وجل في جسم الإنسان، وهـو جهاز دقيق للغاية ، وأكتشف علماء التشريح أن حاسة السمع تبدأ مبكرة في أداء عملها في الأسابيع القليلة الأولى بعد ولادة الطفل، بل أن وظيفة السمع تبدأ في العمل ابتداء من الشهر الرابع للحمل، ويستطيع الجنين سماع الأصوات الخارجيـة وصوت أمـه والأصوات التي تصدر داخل جهازها الهضمي ، وتعرف وظيفة الجهاز السمعي وظيفيا بكونه منوط

بتحويل الإرشادات الصوتية الخارجية إلى معاني ودلالات وخبرات مفهومة تـتم في إطار ترجمة المثيرات البيئية الصوتية.

وفي هذا الإطار يذهب " ابـن سـينا " إلى أن حاسـة السـمع هـي قـوة مرتبـة في العصب الموزع في وسط الصماغ في الأذن، فإذا اصطدم جسمان أحدث الضـغط الناشـئ عن اصطدامها تموجاً في الهواء يصل إلى الهواء الراكد في تجويـف الأذن، ويحركـه بـنفس حركته، وتصل هذه الحركة إلى العصب الموجود في سطح الصماغ فيحدث السمع (عبد المحسن حماده : 2001) .

شكل (1)

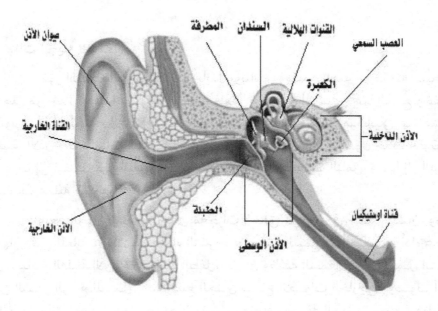

تركيب الأذن بأجزائها الثلاثة (الأذن الخارجية والوسطي والداخلية)

ومن ثم تتكون حاسة السمع ما يلي :-

أولا: الجهاز السمعي الطرفي: وينقسم إلى:-

1- الأذن الخارجية External Ear

وتشتمل علي :

أ – صيوان الأذن Pinna

ويسمى الجزء الخارجي من الأذن بالصيوان وهو مادة غضروفية مرنه وملتفة بإبداع ، ويمتد إلى داخل قناة الأذن الخارجية بشكل أنبوبي مغطيا الثلث الأول (8 مليمتر) من القناة، بالإضافة لشكلِهِ الجمالي فإن الدور الوظيفي للصيوان هو تحديد اتجاه الصوت وتجميع الأصوات اى استقبال الموجات الصوتية و توجيهها إلى داخل الأذن عبر القناة الخارجية ومن ثم إلى غشاء الطبلة.

ب- القناة السمعية الخارجية :

وهي قناة صغيرة تقوم بحماية طبلة الأذن وتكبر الموجات الصوتية وهى عبارة عن أنبوب يُنقل من خلاله الصوت -الذي يجمعه الصيوان -إلى غشاء الطبلة ، وهي مبطنة بشعيرات تعرقل وصول الأجسام الغريبة إلى غشاء الطبل.كما تفرز جذور هذه الشعيرات مادة دهنية تمتزج مع إفرازات الغدد الجانبية لتكون الشمع الذي يمنع دخول ذرات التراب والأجسام الغريبة إلى داخل الأذن ، وتتألف القناة الخارجية من جزئيين: الجزء الخارجي (ثلث القناة) وهو مكون من مادة غضروفية ، والجزء الداخلي (ثلثي القناة 16 مليمتر) مكون من مادة عظمية ولا يوجد بها غدد أو شعيرات ، كما أن قناة الأذن الخارجية منحنية ومتفاوتة الاتساع، فهي ضيقة من الداخل ومتسعة من الخارج لأن هذا الشكل يعرقل وصول الأجسام الغريبة إلى غشاء الطبلة .

شكل (2)

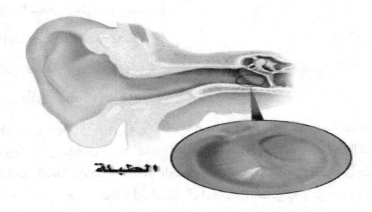

الطبلة

تركيب طبلة الأذن

جـ- طبلة الأذن :

وهي غشاء موقعه في نهاية القناة السمعية الخارجية وهي التي تفصل بين الأذن الخارجية والأذن الوسطى وغشاء الطبلة عبارة عن غشاء جلدي رقيق ذو سطح مخروطي بطول(8-9) مم، ومكون من ثلاث طبقات ذات الأنسجة المختلفة، ويوجد في غور غشاء الطبلة المطرقة التي تقوم بنقل الموجات الصوتية إلي بقية العظيمات، وتصل الأصوات علي شكل موجات في الهواء فيهتز الغشاء ومن ثم تنقل تلك الموجات للأذن الوسطي.

2- الأذن الوسطي :

وتقع الأذن الوسطى في احد التجاويف العلوية للجمجمة وهي غرفة خاوية وتقع ما بين الأذن الخارجية (يفصل بينهما غشاء طبلة الاذن) والأذن الداخلية   (يفصل بينهما

النافذة البيضاوية والدائرية)، وفي هذه الغرفة تقع العظيمات الثلاث المعروفة (المطرقة والسندان والركاب)، وهي أصغر العظيمات في جسم الإنسان، وتصل العظيمات الثلاث بين غشاء الطبلة المهتز؛ إذ تتصل تلك العظيمات ببعضها بواسطة أحزمة ليفية داخل حيز الأذن ، وتنقل تلك العظيمات الموجات الصوتية من الآذن الخارجية إلى الأذن الداخلية ، وتتصل الآذن الوسطي بقناة " استاكيوس " تلك التي توصل إلى تجويف الأنف والفم ، ووظيفتها هي حفظ التعادل بين الضغط الخارجي والداخلي الواقعين علي طبلة الأذن والقوقعة في الأذن الداخلية، وبهذا الاهتزاز تهتز العظيمات الثلاث كذلك فتحول الموجات الصوتية إلى موجات مكيانيكية، ولتسهيل حركة هذه العظيمات وغشاء الطبلة ولمعادلة الضغط الذي تتعرض له الأذن الوسطى مع الضغط الخارجي ولمنع تجمع السوائل في داخل الغرفة، والأذن الوسطى تتعرض لضغط عالٍ من الخارج (كالأصوات العالية والمزعجة)وتتعرض إلى ضغط في داخل الرأس أثناء البلع أو العطس أو التثاؤب، ولذا فإن قناة أستاكيوس تعمل على تيسير وظيفة الأذن الوسطى، ويمر خلال الأذن الوسطى العصب السابع والذي يحرك عضلات الوجه وله دور في نقل نبضات حاسة الذوق في اللسان (ثلثي اللسان الأمامي) إلى مركز التذوق في الدماغ.

3- الأذن الداخلية:

وتتسم الأذن الداخلية بتركيبتها المعقدة، فهي المسئولة عن عمليتين حيويتين:

1- عملية السمع :

والمرتبطة بالنظام السمعي Auditory system وتقوم بها القوقعة والعصب السمعي.

شكل (3)

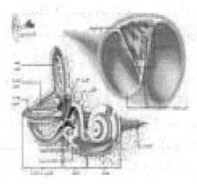

الأذن الداخلية

2- عملية الاتزان :

وهـي مرتبطـة بمـا يعـرف بجهـاز الـدهليز التيهـي labyrinth Vestibular وتتكفل القنوات الهلالية بهذه المَهمة ، وهناك بعض المصابين بضعف السمع الـوراثي والذين يعانون خلل في عملية التوازن إضافة إلى المشاكل السمعية.

شكل (4)

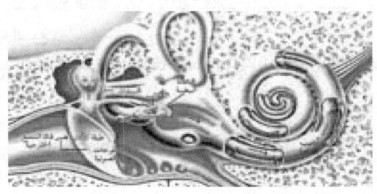

كيفية انتقال الصوت إلى الأذن الداخلية

وتتكون الأذن الداخلية من:

أ-القوقعة:

ووظيفتها تحويل الذبذبات الصوتية القادمة من الأذن الوسطي إلى إشارات كهربائية يتم نقلها إلى الدماغ بواسطة العصب السمعي .

ب- الدهليز:

ويعمل علي المحافظة علي توازن الفرد.

جـ- القناة القوقعية:

وتحتوي علي سائل خاص.

د- أعضاء كورتي:

وهي عبارة عن أطراف عصبية شديدة الحساسية للموجات الصوتية وتتصل بالعصب السمعي.

شكل (5)

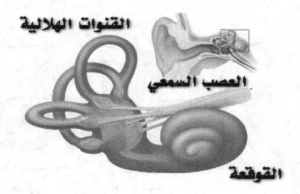

تركيب القنوات الهلالية والقوقعة والعصب السمعى

هـ - القنوات شبة الهلالية:

وتشمل القناة العلوية والقناة العمومية وتمتلئ تلك القنوات بسائل نسيجي يتميز بالحساسية العالية لما يصل إليه من ذبذبات الموجات الصوتية الكهربائية والتي تلتقطها أطراف العصب السمعي الملتصق بالقوقعة إلى المخيخ وفيه لمراكز السمع في المخ فيتم ترجمتها إلى رموز مسموعة ذات معني ودلالة.

شكل (6)

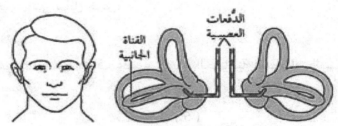

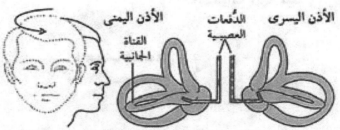

الدُفعات العصبية
القناة الجانبية
عندما يكون الرأس ثابتًا تقوم القناتان الجانبيتان بإرسال عدد متساو من الدفعات إلى الدماغ.
الأذن اليمنى
الدُفعات العصبية
الأذن اليسرى
القناة الجانبية
عندما يلتفت الرأس إلى اليسار فإن الدُفعات تزداد من الأذن اليسرى في حين تقل من الأذن اليمنى.

كيفية عمل القنوات شبه الدائرية

ثانياً : الجهاز السمعي المركزي Control Tearing

ويقع الجهاز السمعي المركزي بالمخ وتتمثل وظيفته عند انبعاث الأصوات مـن مصادر البيئة الخارجية تتركز تلك الموجـات الصوتية عـن طريـق الأذن الخارجيـة علـي طبلة الآذن، ومـن ثم علـي المطرقـة فالسـندان فالركـاب, الـذي يهتـز فيتحـرك السـائل الموجود بالقوقعة الموجودة بالأذن الداخلية، مما يؤثر علي الخلايا السمعية فيصدر عنها موجات إلي القشرة المخية وهي أعلي جهاز حسي مركزي خلال مسـارات سـمعية معينـة بالمخ, ليتم ترجمتها وتفسير دلالاتها.

شكل (7)

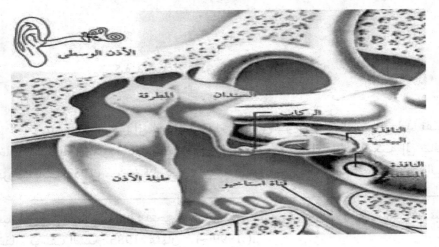

شكل تشريحى للأذن

ثالثاً:جهاز تحويل الطاقة الميكانيكية إلى طاقة كهروكيميائية :

إذ أن الموجات الصوتية التي تتلقاها الأذن الخارجية تجعل عظيمات الأذن الوسطي تهتز ومن ثم يهتز الركاب ولذا يؤدي ذلك إلى اهتزاز النافذة البيضوية فالسائل الليمفاوي المحيطي في حركات اهتزازية تتم بنفس ترددات الموجات الصوتية .

شكل (8)

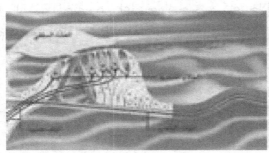

كيفية تحويل الأذن الأصوات إلى نبضات

وهذا بدوره يؤدي إلى اهتزاز أعضاء " كورتي " وخلاياها العصبية ولذا تقوم الخلايا الشعرية الموجودة علي أعضاء " كورتي " بتحويل الطاقة الميكانيكية إلى طاقة كهروكيميائية وذلك من خلال عمليتين مختلفتين: حركات الغشاء القاعدي والية التحويـــــــــــــــــــــــــــل

(عبد المحسن حماده: 2001؛ فتحي عبد الرحيم، حليم بشاي:1988؛ عبد السلام عبد الغفار، يوسف الشيخ: 1985؛ عثمان فراج:1999).

مراحل تطور السمع لدى الطفل وطرق قياسه

تتسم مراحل تطور السمع لدى الطفل بالوظيفية اى أن حاسة السمع لديه تبدأ ممارسة عملها مبكرا الأمر الذي يجعله يستشعر بالكلمات الحانية التي تبثها له الأم أو الأب أثناء فترة الحمل، وفيما يلي مراحل السمع لدى الأطفال وتطورها:

عند الولادة:

- يستمع الطفل للكلام.

- يستيقظ من النوم عند حدوث صوت مرتفع.

- ينتفض أو يبكي عند حدوث صوت مرتفع.

منذ الولادة إلى 3 أشهر:

- يلتفت الطفل نحوك عندما تتكلم.

- يبدو وكأنه يميز صوتك فيهدأ عند سماعه إذا كان يبكي.

- يبتسم عند التحدث إليه.

من (4) أشهر إلى (6) أشهر:

- يبحث الطفل عن مصدر للأصوات الجدية عليه كرنين الهاتف أو صوت المكنسة الكهربائية وغيرها.

- يستجيب الطفل إلى كلمة لا أو عند تغيير نبرة الصوت.

- تجذب انتباهه اللعب التي تصدر أصواتً.

من (7) أشهر إلى عام:

- يستجيب للأوامر والطلبات البسيطة مثل: (تعال هنا).

- يستطيع الطفل تمييز الكلمات الدالة على الأشياء العامة مثل (صحن، حليب، حقيبة......).

- يلتفت أو يرفع نظره عند مناداته باسمه.

- يستمتع بالألعاب الحركية.

- يصغي حين التحدث إليه.

من عام إلى عامين:

- يستطيع الطفل الإشارة إلى الصور في الكتب حين تسميتها باسمها يقوم بالإشارة إلى بعض أعضاء الجسم حين يسأل عنها.

- يستطيع فهم الأوامر البسيطة مثل: (هات البرتقالة).

- يستمع إلى القصص وأغاني الأطفال المسلية.

من بين عامين إلى (3) أعوام:

- يفهم الطفل اختلاف المعاني مثل الفرق بين كبير وصغير فوق وتحت.

- يستمر في ملاحظة الأصوات مثل رنين الهاتف ودق الباب وصوت التليفزيون.

- يستطيع تنفيذ الأوامر المركبة مثل (هات الكرة وضعها على الكرسى) ويسمع حين تناديه الأم وهى فى غرفة أخرى .

- يستمع الطفل للتليفزيون بنفس مستوى ارتفاع الصوت كباقي أفراد الأسرة.

- يقوم بالإجابة على الأسئلة البسيطة مثل: (من، ماذا، أين، لماذا ؟).

من (4 إلى 5) أعوام:

- يسمع الطفل ويفهم معظم ما يقال في المدرسة أو البيت.

- كل من يتعامل مع الطفل يعتقد أنه يسمع جيداً (المربية أو المدرس .....).

- ينتبه الطفل عند سماع قصة ما ويستطيع الإجابة على بعض الأسئلة البسيطة المتعلقة بها.

أنماط الفحوصات السمعية

أ- غرف فحص السمع :

وقد تم تركيب هـذه الغـرف بطريقـة علميـة تتماشى مـع مواصـفات المعهد الأمـريكي الـوطني للمواصـفات والمقـاييس، وهـذه الغـرف في غايـة الضـرورة لإجـراء فحوصات السمع للتأكد من دقة وصحة نتائج فحص السمع.

شكل (9)

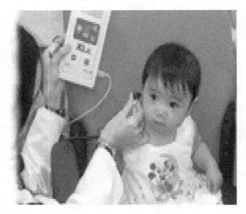

غرف فحص السمع

ب- فحوصات السمع الخاصة :

وهى غرفة خاصة معزولة الصوت والإضاءة ، ويتم إجـراء فحـص خاص يطلـق عليه اختبار استجابة جذع الدماغ للمنبهات السمعية ويجري على كل من صغار و كبار السن

باستخدام جهاز خاص يطلق الإشارات إلى الدماغ و يقوم باستقبال وتحليل البيانات الصادرة عن الدماغ ليتم من خلال التحليل قياس مدى درجة ضعف السمع لدى المريض.

شكل (10)

غرفة خاصة لفحص السمع

جـ- تقييم السمع الشامل:

وهي مجموعة من الفحوصات لحاسة السمع لبنيان الأذن ووظائفها، وتتضمن ما يلي: فحص الأذن الوسطى: ويشمل قياس ضغط الأذن، ونوويات القوة الصوتية الانعكاسية، وتضاؤل القوة الصوتية الانعكاسية، وقياس وظيفة القناة السمعية، وفحص الشعيرات السمعية الخارجية بالقوقعة السمعية باستخدام الحاسب الآلي: قياس دقيق لرصد ضعف سمعي في قوقعة الأذن خلال مدة 10 ثوان، وفحص منظار الأذن: ويوفر صور حية لغشاء طبلة وقناة الأذن للتأكد من سلامة هذه الأعضاء.

شكل (11)

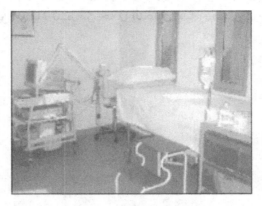

تقييم السمع الشامل

د - تقييم المعينات السمعية :

ويهدف لبرمجة ومعايرة السماعات الطبية باستخدام برامج معينة للحاسوب تتناسب مع مختلف أنواع السماعات المبرمجة والرقمية .

شكل (12)

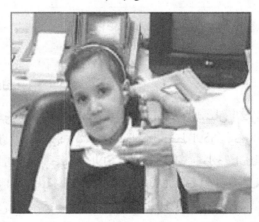

برمجة ومعايرة السماعات الطبية

هـ- جهاز تقييم المعين السمعي للأذن:

ويظهر هذا الجهاز بشكل واقعي للمريض نسبة تحسن قدرة السمع بعد تركيب المعين السمعي.

شكل (13)

تقييم المعينات السمعية

و- ورشة صيانة المعينات السمعية :

ويتوافر بها كافة الأجهزة والوسائل اللازمة لصيانة وتصليح مختلف أنواع السماعات الطبية بمهارة ودقة.

شكل (14)

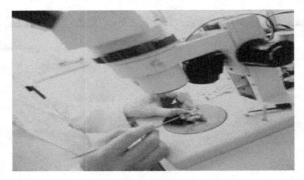

ورشة صيانة المعينات السمعية

ل- مختبر تصنيع قوالب الأذن:

ويتم استخدام المعدات المطلوبة والمواد الأولية ذات الجودة العالية، يتم في هذا المختبر تصنيع قوالب الأذن لتركيب السماعات عليها وجميعها مصنعة حسب حاجة كل مريض الخاصة وبعناية فائقة لضمان نجاح تركيبها على أذن المريض.

شكل (15)

مختبر تصنيع قوالب الأذن

الفصل الثالث
أسباب الإعاقة السمعية
(الصمم الكلى- الصمم الجزئي)

أسباب الإعاقة السمعية
(الصمم الكلى- الصمم الجزئي)

مقدمة :

إن حاسة السمع ذكرت في القرآن الكريم متقدمة على جميع الحواس وفي معظم الآيات، ونظرا للمشاكل النفسية والاجتماعية والانفعالية التي يعاني منها الطفل ذي الإعاقة السمعية وأسرته، وكذلك للتكلفة الاقتصادية الباهظة على الدول لرعايته، ولتقليل عدد الأشخاص الذين يعانون من إعاقة سمعية ودمجهم في المجتمع وتقليل المشاكل النفسية والاجتماعية والانفعالية والاقتصادية يشير " موست "(2007). ,Most T إلى أهمية الحد من الإصابة بالإعاقة السمعية من خلال التوعية في وسائل الإعلام بمسببات تلك الإعاقة .

وتتركز أسباب الإعاقة السمعية في فئتيها الصمم الكلي والجزئي في الأسباب التالية :

أولاً:- أسباب الصمم الكلي (الصم):

ترجع أسباب الصم الكلي إلى التالي :

أولا: أسباب وراثية:

إذ تشكل العوامل الوراثية حوالي 50% حيث يعتقد أن هناك ما يزيد علي ستين نوعاً من الفقدان السمعي الوراثي تصنف تبعاً لعوامل عدة منها:

1- طريقة انتقال الصمم: ويتم ذلك علي

أ- على جينات متنحية: Recessive Deafness

إذ تشير الدراسات إلى إن حوالي 84% من الصمم الوراثي ينقل كصفة متنحية ومن ثم يتم نقل الصمم من آباء ذوي سمع عادي إلى الأبناء.

ب- علي جينات سائدة : Dominant Deafness

ويؤدي جين واحد إلى معانات الطفل وإصابته بالصمم ، وتصل نسبة حدوثه حوالي 14% وتعد نسبة قليلة نسبياً .

جـ- علي الكروموسوم الجنسي Sex- linked Defames

ويعد هذا النوع اقل أنواع الصمم حدوثاً إذ يبلغ حوالي 2% ويتأثر به الأطفال الذكور فقط.

ثانيا :- أسباب ترجع للزمن الذي تحدث فيه الإصابة:

ومن تلك الأسباب ما يلي :

أ- عوامل تحدث قبل الميلاد:

1- تسمم الحمل: Toxemia of Pregnancy

وأيضا النزيف الذي يحدث قبل الولادة ، والأمراض التي تصيب الأم أثناء الحمل: كالتهابات الغدة النكفية والزهري ، وكذلك فإن الإكثار من تناول المضادات الحيوية Antibiotics يؤثر في سلامة حاسة السمع.

2- العوامل الوراثية :

وتعد أكثر أثراً في تلف حاسة السمع حالة تعرف باسم " دوردينرج" ، وفيها يتلازم القصور السمعي الشديد مع اختلاف لون قرنية العين اليمني عن اليسرى في اختلاف لونها، وتنتشر تلك الحالة بنسبة 50% من حالات ولادة الأطفال من ذوي الصمم ، وأيضا أولئك الذين يحملون الجين المسبب لتلك الإعاقة والذي يقع علي الذراع الطويل للكروموسوم رقم (2) المعرف باسم BaX3 .

3- عدم توافق الزوجية في العامل الريزيس (R H):

إذ يحدث ذلك عندما تكون فصيلة الأم –R H سلبي وفصيلة الجنين+R H إيجابي ويطلق علي ذلك الصمم الخلقي الولادي Congenital .

ب- عوامل تحدث أثناء الميلاد:

وهي تلك التي تصاحب عملية الولادة مثل: طول مدة الولادة، أو الولادة المتعسرة وعدم وصول الأكسجين إلى مخ الجنين، وإصابة الجنين بالصفراء المرضية(فتحي عبد الرحيم:1983؛ حسن سليمان: 1998).

جـ- عوامل تحدث بعد الميلاد :

وتشمل تلك الحوادث التي تصيب الفرد في الأذن أو المخ وكذلك إصابة الطفل بالتهاب القناة السمعية بالقناة السمعية ، أو إصابة الأذن الوسطي لمرض عرض ورم الأذن الوسطي اللؤلؤى ، إذ تتواجد أنسجة جلدية مكومة بداخل تلك الأذن .

جدول (2)

حالات الصمم المتكررة في الأسرة (الوراثة) ونسب تاريخ الإعاقة وسببها لدي ذوى الإعاقة السمعية

قرابة الأبوين	الأبوين أقارب	الأبوين ليسوا أقارب	المجموع	تاريخ الإعاقة	السبب في الإعاقة	نسبة ذوى الإعاقة السمعية
تكرار الصمم في الأسرة	-	-	-	منذ الولادة	خلقية	83 %
حالات صم متكرر في الأسرة	21	12	33	طارئة ودائمة	نتيجة مرض	17 %
حالة واحدة للصم في الأسرة	22	25	47	طارئة	نتيجة حوادث	-
المجموع	43	27	80			

(الإدارة العامة للتأهيل الاجتماعي للمعوقين: 1994؛ سامي محمود، لورنس بسطا : 1994).

ووفقا لأخر تقرير لمنظمة الصحة العالمية WHO يوجد بمصر أكثر من (6) ملايين معوق منهم حوالي (200) ألف معوق بسبب زواج الأقارب (جيهان يوسف : 2000أ).

ثالثاً : أسباب جينية : Syndrome : مثل أعراض " تريتشر- " Collins Treachery وتشمل : صغر حجم أذن الطفل ، واتساع الفم ، وخلل في تكوين الأسنان ، وارتجاع خلفي للذقن وعيوب خلقيه بعظام الوجه .

رابعاً : أسباب لا ترجع لأصول جينية : كاستخدام العقاقير والفيروسات والأمراض التي تصيب الأذن الوسطي والداخلية .

خامساً: أسباب بدنية وعقلية: وتلك تعد خاصة بالجسم و أخرى خاصة بالعقل.

سادساً: أسباب مجهولة المصدر: إذ تمثل تلك الأسباب المجهولة للصم حوالي 15% لدي الأطفال، وفي الماضي كان هؤلاء الأطفال ذوي الصمم يلقون حتفهم وتؤدي تلك الأسباب إلى ردود أفعال شديدة من الوالدين حيث يشعرون بالذنب نحو أبنائهم (منال منصور: 1983؛ فوزية الأخضر: 1993).

سابعا : أسباب بيئية : وتتمثل في تلك التي ترتبط بالوراثة ومنها ما يلي :

أ- الحصبة الألمانية German Measles: وهي تلك التي تصيب الأم الحامل خاصة في الشهور الثلاثة الأولى إذ ينتقل هذا الفيروس إلى الجنين وقد يحدث لدية إعاقة إذ أنه يهاجم أنسجة الأذن، ولذا تعتبر الحصبة الألمانية السبب الرئيسي- للصم لدي حوالي 10% من الأطفال.

ب-التشوهات الخلقية: وهي تلك التي تحدث في : طبلة الأذن أو العظيمات أو القوقعة أو صيوان الأذن.

جـ-تناول العقاقير والأدوية الضارة بالسمع: وبصفة خاصة تلك التي تتم بدون استشارة الطبيب .

د - الالتهاب السحائي::Meningitis ويشير إلى مهاجمة البكتريا أو الفيروسات للأذن الداخلية الأمر الذي يؤدي لفقدان السمع.

هـ - الأطفال المبتسرين Prematurely:وهم أولئك الأطفال الذين يولدون قبل الميعاد وبخاصة ذوي الوزن المنخفض منهم.

و - إصابة المولود باليرقان: بصفة خاصة في الساعات الأولى بعد الولادة أو في الأيام الثلاثة الأولى.

ثامنا: أسباب تتعلق بوسائد الخطـر: إذ نشرت إحدى المجـلات الطبيـة البريطانيـة أن الكيس الهوائي للسيارة الذي ينتفخ عند وقوع حادث لحماية السائق من الموت وتقليـل خطر الإصابة قد يتسبب في فقدان السمع وطنـين مستمر في الأذنين بسبب الصـوت القوى الذي يصدر عنه (جيهان يوسف : 1999).

تاسعا: أسباب تتعلق بزيادة الرطوبة أو الماء في القناة البكتيرية: وذلك في قنـاة الأذن الخارجية وهو التهاب جرثومي أو غير جرثومي لجلـد قناة الأذن الخارجية، ويعـد مـن أكثر الأنواع حدوثاً لدى أذن السباحين Swimmer's Ear و ينتج من زيـادة الرطوبـة أو الماء في القناة والذي يؤدي إلى قلة حموضة القناة وتحطم بطانة الأذن الخارجية وتزداد الإصابة في أيام الصيف والرطوبة في البلدان ذات الطقس الحار.

أنواع الجراثيم المسببة:

- سـيدومونوس ايروجنوسـا Pseudomonas Aeruginosa وهـي تـسبب نصـف الحالات.

- بروتيوس ميرابيلاس Proteus mirabilis.

- ستافلوكوكس أوريوس Staphylococcus aurous.

- فطريات مثل أسبرجيلوس Aspergillums وكانديدا Candida.

الأعراض:

- ألم في الأذن وفي البداية يكون قليل إلى متوسط الشدة مـع إفراز سـائل خفيـف أو قيح وتكون القناة غير مسدودة.

- زيادة في حدة الألم مع تجمع الإفراز و الخلايا الميتة في القناة وانسدادها مما يـؤدي إلى الصمم أو قلة مستوى السمع.

- انتفاخ الغدد الليمفاوية المحيطة بالأذن.

- التهاب أنسجة صيوان الأذن.

شكل (16)

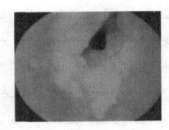

صورة لالتهاب فطري للقناة (العصيات الصفراء)

صورة لقناة ملتهبة وتحتوي على خلايا ميتة وإفراز اللون الأبيض

الوقاية:

- منع دخول الماء إلى القناة باستخدام سدادات خاصة لهذا الغرض وبخاصة في حمامات السباحة.
- أخراج الماء من القناة بعد الانتهاء من السباحة وذلك بميلان الرأس جانبياً والقفز على رجل واحدة مع سحب صيوان الأذن للخلف وللأعلى ومن ثم تنشيف الماء الخارج.
- تنشيف القناة باستخدام هواء منشف الشعر الخفيف.
- لا ينصح باستخدام أعواد القطن لتنظيف القناة لأنها تدفع بشمع الأذن ناحية طبلة الأذن وكذلك التنظيف الزائد يزيل طبقة الشمع الواقية وتحطم الطبقة السطحية للقناة مما يجعلها عرضة لهجوم الجراثيم والالتهاب.

ثانيا : أسباب الصمم الجزئي (ضعف السمع):

أصبحت مشكلة ضعف السمع من المشكلات المتزايدة الشكوى في ظل ازدياد معدلات الضوضاء والتلوث في كثير من مجالات العمل ، وترجع أسباب ضعف السمع إلى التالي :

أ- **تيبس عظيمات الأذن:** ويظهر ذلك عادة علي شكل ضعف سمعي يزداد مع زيادة العمر.

ب – **إفراز الصملاخ بطريقة شاذة في القناة السمعية:** وذلك بتجميع الصديد خلف غشاء الطبلة مما يؤدي إلى انفجارها وبالتالي تسد القناة السمعية فلا يسمح بمرور تموجات الهواء بدرجة تامة.

جـ-**التهابات الزور والأذن:** تلك التي تمتد للأذن الوسطي خلال قناة استاكيوس.

د – **ضعف العصب السمعي :** وذلك مرجعه للأمراض أو تحطم السائل الداعم في القوقعة والقنوات الهلالية الموجودة بالأذن الداخلية .

و – **التهابات الجهاز التنفسي- العلوي :** كالتهابات الأنف والجيوب الأنفية والحلق واللوزتين واللحمية والحنجرة والبلعوم الأنفي بقناة استاكيوس الأمر الذي يؤدي إلى وجود الالتهابات غير الصديدية فى الأذن الوسطي والتي تتسبب في وجود رشح خلف طبلة الأذن أو يتسبب في ثقبها وتأكل عظيمات السمع .

هـ – **تزايد معدلات الضوضاء والتلوث:** وهي أكثر الملوثات السمعية التي يتعرض لها الفرد وتليها ضوضاء السكك الحديدية والطائرات والورش ومواقع البناء والألعاب النارية وأخطرها علي الإطلاق تلوث الهواء بالاكاسيد والأبخرة والعناصر الثقيلة التي تصل إلى الأذن بشكل مباشر أو عبر الجهاز التنفسي وتصيبها بالتلف ، وقد بلغ عدد المصابين بضعف السمع في أوروبا (30) مليون مصاب من جراء الضوضاء على الرغم من الهدوء الشديد الذي يعيشونه مقارنة بما لدينا من ضوضاء دون داعي .

و- **التدخين :** إذ كشفت دراسة يابانية أن التدخين يزيد من مخاطر إصابة الجهاز السمعي بالصمم ، وأن تدخين ما يزيد على ثلاثين سيجارة في اليوم يؤدى إلى ضعف السمع بالتدريج ،واستمرت تلك الدراسة خمس سنوات على عينة من الرجال الذين فقدوا القدرة على السمع دون أن يكونوا يعانون من أي مشكلات سمعية في البداية.

ع- الإصابة ببعض الأمراض والتعرض للسموم: إذ اثبت المتخصصون في طب المسنين أن ضعف السمع عند الكبار سببه يعزى للإصابة ببعض الأمراض والسموم التي تعرض لها الشخص طوال حياته، وان الجزء الوحيد الذي يسببه التقدم في العمر هو صعوبة استقبال الأصوات ذات الترددات العالية وشئ من الصفير ويبدأ ذلك تدريجياً ومبكراً جداً منذ الخمسين من العمر حيث لا يشكو المسن من ضعف السمع ولكن من عدم فهم الكلام، ويظهر هذا إذا كان التحدث للمسن بسرعة أو بلكنة أجنبية.

ك- آلات حفر الأسنان: إذ أن تأثير الإزعاج الناتج عن آلات الأسنان تتراوح شدته بين (85-95) ديسيبل وله تأثير سيئ على سمع أطباء الأسنان والمشكلة ليست في هذه الاصوات العالية فحسب ولكن في الاستمرارية لعدة ساعات متتالية.

ل- سماعات الأجهزة الموسيقية الشخصية المحمولة: تؤدي إلى ضعف السمع وأجهزة الأقراص المدمجة "السي دي" أخطر من الأشرطة العادية إذ أن شدة الصوت إذا تجاوزت(85)ديسبل تؤثر في الأذن مع حدوث أضرار وانعكاسات لها.

م- وزن المولود أقل من (1500) جرام.

ن- نقص الأكسجين قبل /أثناء الولادة.

و- تعاطي المخدرات أو الكحول أثناء الحمل.

ى- ارتفاع نسبة البلوروبين في الدم (احمد يونس، مصري حنوره: 1991؛ جيهان يوسف: 2001؛ عبد السلام عبد الغفار، يوسف الشيخ: 1985؛ حسن سليمان:2001؛ جيهان يوسف: 1999؛ جيهان يوسف: 1998؛ جيهان يوسف: 2002).

النظريات المفسرة للإعاقة السمعية :

تقوم الأذن الخارجية بجمع الموجات الصوتية وتوجيهها عبر القناة السمعية إلى طبلة الأذن، وعند اصطدام الموجات الصوتية بطبلة الأذن تتولد اهتزازات في الطبلة تؤثر على عظيمات الأذن الثلاث في الأذن الوسطى فتحركها، الأمر الذي يؤدي إلى اهتزاز النافذة البيضاوية وعندئذ يقوم السائل الذي بداخل الأذن الداخلية بتوصيل هذه الاهتزازات إلى قوقعة الأذن الداخلية التي تحتوي على آلاف من الخلايا الشعرية الصغيرة، تقوم الخلايا الشعرية بتحويل الحركة الموجبة للسائل الذي بداخل القوقعة إلى نبضات عصبية خلال العصب السمعي إلى مركز السمع في الدماغ والذي بداخلة تتم ترجمة النبضات العصبية إلى أصوات يمكن للدماغ فهمها.

وعند حدوث اى خلل في هذه المناطق يعذر حدوث عملية السمع ، ومن ثم تنبثق نظريات الإعاقة السمعية في إطار كيفية حدوث السمع ، ويتضح ذلك فيما يلي :-

أولا: نظرية التواتر:-

وتدور حول عمل الأذن كسماعة الهاتف (التليفون) إذ أن هناك تواتراً قدرة عشرة آلاف دورة في الثانية، ومن ثم فإن ذلك يجعل العصب السمعي يحمل عشرة آلاف إثارة في الثانية لكي ينقلها إلى الدماغ وبناءً علي ذلك تكون الحدة متوقفة علي تواتر الإثارات العصبية التي تصل للدماغ أما بالنسبة للشدة فيتوقف ذلك علي الألياف العصبية المستثارة.

ثانيا: نظرية الفرق:

ويراد بتلك النظرية أن الألياف العصبية تعمل في فرق إذ أن هناك فرقاً مختلفة في الشدة ويتم ذلك استجابة للمثيرات الخارجية ومن ثم فإن فريقاً من الألياف يعمل في شدة معينة وفريقاً آخر قابليته للاستثارة أكبر من غيره، إذ أن الشدة تعلل بازدياد عمق الإثارة ولذا فإن مزيداً من الإثارة يحدث في كل دفعة أما بالنسبة للحدة فهي متوقفة علي عدد مرات فاعلية الفرق من الألياف وليس علي عدد مرات فاعلية الألياف الفردية.

ثالثا: نظرية المكان:

وتشير تلك النظرية إلى كون أن ألياف الغشاء القاعدي الموجود بين القناة الغشائية والقناة القوقعة في الآذن تهتز للتوترات الخارجية مثل أوتار البيانو أو الجيتار ومن ثم تفترض تلك النظرية أن كل منطقة من مناطق الغشاء القاعدي تكون متناغمة بصورة خاصة مع تواتر اهتزازي معين ومن ثم يفترض منطقة معينة ضيقة من الغشاء القاعدي تستجيب بشكل كبير بالنسبة لتواتر معين علي الرغم من أن الأجزاء الأخرى تستثار أيضا ولكن ليس بنفس الدرجة، فالأصوات ذات الطبقة المرتفعة تسبب صدي في أماكن أكثر قرباً بالتبعية إلى الخرق الحلزوني ومن ثم تهتز الذبذبات في جزء من الغشاء القاعدي للخلايا الشعرية من الأجزاء المجاورة من عضو " كورتي " الأمر الذي يجعلها تشع ومضات عصبية تسري عبر الجزء القوقعي من العصب السمعي في المخ (رجب علي: 1993؛ عبد المجيد عبد الرحيم : 1997) .

رابعا: نظرية الاندفاع / الاستقبال الصوتي:

وقد استنبط الباحث - في دراسة سابقة - تلك النظرية والتي تدور فحواها في كون أنه عند مرور الذبذبات أو الترددات الناتجة عن المثيرات الصوتية بسلاسة ومرونة في المجري الطبيعي للمجال السمعي تحدث تلك الموجات الصوتية عملية السمع من خلال استقبالها في الآذن الخارجية بتجميعها وتكبيرها وتنقيتها وبثها في الأذن الوسطي لتمر وتصل إلى الأذن الداخلية فالعصب السمعي الذي ينقلها إلى المركز السمعي في المخ، وتكمن أهمية تلك النظرية في إيجابية عمل كل أعضاء السمع والذي يتم في إطاره مرور الموجات الصوتية والتي تترجم في مرحلتها الأخيرة إلى رموز ودلالات سمعية في المخ ويعطي ذلك الانطباع بالتلقي والاستجابة للمثيرات الصوتية السمعية .

خامسا : نظرية الأحجام /التعطل الصوتي :

ويشير الباحث لتلك النظرية من خلال تعطل الموجات الصوتية عن التجمع أو الاستقبال سواء في الأذن الخارجية حتى وان تم مرورها أو إدخالها في الآذن الوسطي أو الداخلية فنجد توقفها من خلال حدوث عطب ما بالأذن الوسطي أو حدوث عجـز في الأذن الداخلية أو تلف في العصب السمعي الناقل للإشارات الصوتية أو عجـز في حـل شفرة تلك التدفقات السمعية في المخ (محمد النوبي : 2000).

ومن ثم : فأن هناك تكاملاً في النظريات الثلاث الأولى " الفرق والتواتر والمكـان " من حيث أدائها دوراً معيناً في نقل الإثارة الصوتية إلى الموضع السـمعي سـواء عـن طريق فرق الألياف العصبية ، أو التواترات ، ويتم ذلك في إطار كل مـن الشـدة والحـدة للموجات الصوتية، وتشير النظرية الرابعة إلى التدفق الإيجابي والحدوث الفعلي لعملية السمع ، وتبين النظرية الخامسة عدم حدوث عملية السمع كمرجع لحـدوث تعطل للموجات الصوتية في أي مرحلة من مراحل السمع .

الفصل الرابع
قياس حدة السمع وطرق الوقايةمن الاصابة بالصمم وكيفية حدوث السمع

قياس حدة السمع وطرق الوقاية وكيفية حدوث السمع

مقدمة :

يعاني بعض الأطفال من ضعف السمع الذي قد يؤثر على قدرتهم على تعلم الكلام وقد يعانون أيضاً من تشوهات في تجويف الأذن، وأهم أسباب هذه الحالة تكمن في وجود ضيق في قناة الأذن الخارجية أو وجود انسداد كامل (عدم وجود قناة مفتوحة توصل من الخارج حتى طبلة الأذن) وقد يولد الطفل بلا فتحة ظاهرة بالأذن الخارجية ويصاحب هذه الحالة عادة تشوه في تجويف الأذن، وغالباً ما يكون العيب خلقياً ويحدث غالباً في الأذن، ولكن في بعض الأحيان يحدث في أذن واحدة، أو يكون نتيجة حروق بالأذن أو تعرض الأذنين لمادة كاوية، وهنا لا بد من دراسة أهمية قياس درجة سمع المريض وإجراء بعض الأشعة لمعرفة شدة التشوه.

قياس حدة السمع :

تقاس حده السمع بعدة طرق منها :

أولاً: طريقة السمع المبدئي:

تعتمد طريقة السمع المبدئى على مدى إمكانية تفاعل الطفل إلى ما يقدم له من مثيرات صوتية متنوعة ويرتبط ذلك بكيفية سماعة لتلك الأصوات واستجابته لها (Gilbertson, D.; Ferre, S. : 2008) ، وهى بذلك تقوم علي أساس معرفة مدي استجابة الطفل للأصوات تبعاً لشدتها وذبذبتها... ويتم ذلك بوضع جهاز بجوار الطفل الخاضع للاختبار ثم تحفيزه علي اللعب بلعبه معينة، كالكرات الملونة مثلاً ، وعند اندماج الطفل في اللعب يقوم المختبر بإصدار أصوات هادئة كأصوات الأجراس ، صادرة من الجهاز خلف الطفل، وعندما يلتفت الطفل إلي مصدر الصوت ، يسجل المختبر قراءة جهاز قياس حدة الصوت، وبالتالي يمكننا الكشف عن أوجه القصور السمعي لدي الطفل (لطفي بركات : 1981).

ويري الباحث: أن تلك الطريقة تعتبر غير دقيقه في قياس حده السمع نظراً لأن انتباه الطفل يكون مشتتاً مع اللعبة التي يلهو بها ، ومن ثـم فـإن درجـة تركيـزه وردود فعله تجاه الصوت الصادر من الجهاز ، تكون أقل من الأداء الفعـلي لجهـازه السـمعي ، وغير دال علي المستوي السمعي الحقيقي لديه .

ثانياً : طريقه الساعة (الدقاقة) :

وهي طريقه تستخدم لمعرفه مدي سماع الطفل لدقات الساعة، وعـلي أي بعـد أو مسافة يستطيع الطفل سماع دقات تلك الساعة(محمد عبد المؤمن:1986).

ويتم ذلك بحساب المسافة من هذا الوضع مقارنه بالوضع العـادي - فـإذا قـل عن نصف المسافة لدي العاديين زاد الاحتمال بأن المفحوص ضعيف السمع.

ثالثاً: طريقة الهمس :

وهذه الطريقة شبيهه بطريقه الساعة من حيـث الدقـة، وتعتمـد عـلي القـدرة علي سمع الهمس وتتم من خلال حجرة هادئة، ثم يقف التلميذ خلف الحـائط ويقـف خلفه المختبر، ويخاطبـه بصـوت هـاديء هـامس ضـعيف ، ويبتعـد عنـه رويـداً رويـداً ويستمر في محادثته إلي أن يصل إلي المسافة التي لا يمكنه سماع مـا يقـال ، وذلـك بعـد تغطيه إحدى الأذنين ، وتقاس المسافة بين المختبر والتلميذ ، وتقسم هذه المسافة علي 6 أمتار ونتيجة القسمة تمثل حده السمع في الأذن غـير المغطـاة (أيـوجين منـدل ، ماكـاي فيرنون : 1976) .

وفي تلك الطريقة ليس من الضروري نطق أعداد ، فيمكن نطـق كلـمات ولكـن المهم تحديد أنه يتم الابتعاد التدريجي عن الطفل حتى الوصـول إلي مسـافة مـا فيشـير عندها الطفل أنه لم يسمع الصوت .

رابعاً : طريقه الأوديوميتر :

وتنقسم تلك الطريقـة إلي نـوعين: الأوديـوميتر الكلامـي الجمعـي، ويمكـن مـن خلاله قياس (40) حاله في المرة الواحدة، وهي لتحديد درجة القصور السـمعي في كـل أذن علي

حده، والأوديوميتر الصوتي الفردي، وهو جهاز يقيس درجة القصور السمعي في كل أذن عند ذبذبات معينة، وتشير الدرجة "صفر" علي جهاز الأوديوميتر إلي أقل صوت يمكن أن يدركه الفرد ذي السمع العادي، وكلما ازداد عدد الديسيبل (DB) ، أدي ذلك إلي ارتفاع الصوت (لطفي بركات : 1978 ، كمال سيسالم : 1988) .

وتتسم تلك الطريقة بتوفيرها للوقت والمجهود من حيث قدرة الأوديوميتر في قياس السمع لدي عدد كبير من المفحوصين ، وأيضاً قياس درجة القصور السمعي في كل أذن علي حده .

خامساً : قياس حده السمع بواسطة الكمبيوتر .

يعتبر قياس حده السمع بواسطة الكمبيوتر أحدث أجهزة تخطيط السمع، ويعتمد علي رسم النبضات الكهربية بالمخ أثناء السمع ، حيث يتم فيه تكبير التأثير السمعي مع عزل التأثيرات الأخرى ويتم إدخال التأثير السمعي للكمبيوتر لتكبيره وتجميعه ، حيث يتم إظهاره علي الشاشة التليفزيونية ومن ثم تسجيلها علي أوراق خاصة (فوزيه الأخضر: 1993). وتتميز هذه الطريقة بالدقة في تسجيلها لحده السمع ولا يتم من خلالها مراعاة سمات المفحوص ولا تتطلب عمليه القياس شروطاً معينه في المفحوص .

طرق الوقاية من الإصابة بالصمم

تمثل الإعاقة السمعية تحديا لنمو اللغة الطبيعي عند الأطفال ولذلك فان التشخيص والتدخل المبكر يؤدى إلى نتائج فعالة, ومن ثم فان "الوقاية خير من العلاج" ويتمثل تجنب حدوث الإعاقة السمعية فيما يلي:

1- الإعاقة السمعية الناتجة من ضعف السمع الوراثي العائلي :

ويتمثل الحد من هذه الإعاقة عن طريق الفحص قبل الزواج مع النصح بعدم زواج الأقارب عملا بنصيحة الدين فى ذلك حتى لا يتم تركيز الصفات الوراثية المسببة للإعاقة السمعية.

2- الرشح خلف طبلة الأذن :

وهو مرض شائع لدى الأطفال, وان كان معظم الحالات تتحسن بالعلاج الدوائي أو الجراحي فإن بعض الحالات المزمنة تؤدي إلى إعاقة سمعية وتأخر في نمو اللغة, ويمكن الوقاية من هذه الحالات بالتعليمات البسيطة للأم في طريقة إرضاع الطفل حيث أن رأس المولود يجب أن يكون مرتفعة أثناء الرضاعة وذلك حتى لا تؤدى إلى التهاب وانسداد بقناة أستاكيوس والتي تقوم بإدخال الهواء إلى الأذن الوسطى لمعادلة الضغط على جانبي غشاء الطبلة وتفريغ الإفرازات المخاطية الطبيعية منها، كما أن الرشح خلف الطبلة يعتبر من الأمراض المناعية والتي تزداد مع الضعف العام والتعرض للأتربة والدخان والمواد المسببة للحساسية مثل الأطعمة التي تحتوى على مواد حافظة, ولذلك يمكن الوقاية من الرشح خلف طبلة الأذن أيضا بعدم تعرض الطفل للدخان وبالنصح للأب بعدم التدخين بالمنزل أو حمل الطفل ورائحة الدخان تنبعث من فمه, كما يفضل الإقلال من المشروبات المثلجة أو الماء المثلج في فترة العلاج أو للحالات المتكررة, كما يفضل الارتفاع بالحالة المناعية للطفل باستنشاق الهواء النقى والإكثار من الخضروات والفواكه الطازجة والتي تحتوى على فيتامينات خاصة فيتامين (أ) مثل الجزر وفيتامين (ج) مثل الفلفل الأخضر وهما أيضا لهما دور هام في حيوية وسلامة الأغشية المخاطية المبطنة للفم والأنف والأذن الوسطى.

3- التهاب الأذن الوسطى الصديدى المزمن:

ينتج الالتهاب المزمن للأذن الوسطى من الالتهاب الحاد الذي لا يتم علاجه بطريقة فعالة حيث أن الالتهاب الحاد يمكن أن يتم شفاؤه بدون أي مضاعفات، وشعور الأم بأن الطفل قد شفى من المرض بعد أيام قليلة من العلاج حيث اختفاء الحرارة والألم ويتحسن

السمع ويمارس الطفل حياته الطبيعية فإن هذه الشواهد غير كافيه لوقف العلاج ويجب استمرار العلاج للمدة التي حددها له الطبيب المختص حتى لو أدى ذلك إلى شراء جرعة أخرى من دواء غالى الثمن, كما أن التحسن الظاهري قد ينتهي بعد فترة قصيرة وينتكس الطفل بالمرض مرة أخرى ويحتاج الطفل إلى تكرار العلاج كاملا. مع تكرار مثل هذا الالتهاب يتطور المرض الحاد القابل للشفاء تماما إلى مرض مزمن يحتاج إلى تدخل جراحى أو معينات سمعية مع نسبة عجز في السمع تضر الأطفال في سنوات عمرهم الأولى .

4- التعرض للضوضاء:

تعد الإعاقة السمعية الناتجة من التعرض للضوضاء من الإعاقات التي يمكن تجنبها، فإذا كانت الضوضاء ناتجة من أصوات ماكينات المصانع فإن أتباع إرشادات الأمان الصناعي لتقليل الضوضاء الصادرة من الماكينات وتقليل انتقال الضوضاء من الماكينات إلى العمال وتحديد مدة التعرض للضوضاء والتي تتناسب عكسيا مع مستوى الضوضاء كل ذلك يقلل من احتمالات الإعاقة السمعية, كما أن استخدام واقيات الأذن الشخصية أو حتى قطعة صغيرة من القطن في الأذن قد تكون كافية لخفض مستوى الصوت الذي يصل للأذن من المستوى الضار إلى المستوى الآمن المسموح به .

أما عن التلوث السمعي والضوضاء الناتجة عن السيارات والأفراح والاستخدام الخاطئ للمسجلات الصوتية فإن الوقاية من الإعاقة السمعية الناتجة عنها يحتاج إلى أسلوب حضاري في التربية للأطفال منذ الصغر وتوعية الذين يؤذون الآخرين بدون وعى أو فهم للأضرار الناتجة من الضوضاء، والآثار السلبية للضوضاء تتعدى الإضرار بالسمع والأذن بكثير, فهي أيضا تؤدى إلى ارتفاع ضغط الدم وعدم القدرة على النوم واضطراب بالتنفس ومنها ما يؤدى إلى مشاكل اجتماعية خطيرة بالأسرة (منال منصور: 1983؛ أمال قانصو:2002).

المجال السمعي للإنسان:

إن الإنسان يستطيع أن يسمع الأصوات ذات التردد بين 20 هرتز إلى 20000 هرتز إلا أن حساسية الأذن تختلف باختلاف التردد فتكون الأذن أكثر حساسية عند الترددات من 250 إلى 8000 ذبذبة / ثانية وتكون حساسية الأذن أفضل ما يمكن عند الترددات من 500 إلى 4000 ذبذبة / ثانية وهي ترددات عناصر الكلام لكي تقوم الأذن بوظيفتها على أكمل وجه.

كما أن المدى الطبيعي للسمع من شدة الصوت فانه يمكن سماع الأصوات ذات الشدة المنخفضة حتى صفر ديسيبل (0 dBspl) من على بعد 6 أمتار ويكون الهمس في حدود 30 ديسيبل والحديث العادي حوالى 60 ديسيبل ويكون الصوت مزعجا عند 90 ديسيبل بينما شدة الصوت 120 ديسيبل تؤدي إلى ألم بالأذن.

شكل (17)

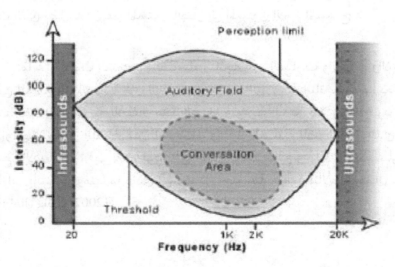

المدى الطبيعي للسمع عند الإنسان

وأن الاهتزاز الذي يحدثه الصوت في الهواء ينتقل إلى الأذن ثم يصل إلى طبلة الأذن التي تنقله بدورها إلى التيه داخل الأذن والتيه يشتمل على نوع من الأفنية بين لولبية ونصف مستديرة، وفي القسم اللولبي وحده أربعة آلاف قوس صغيرة متصلة بعصب السمع في الرأس، وفي الأذن مائة ألف خلية سمعية، وتنتهي الأعصاب بأهداب دقيقة بشكل يحير الألباب.

وقد نظم المولى سبحانه وتعالى العمل بين هذه الخلايا وكيفها، فمنها ما يختص باستقبال الأصوات ذات الذبذبات المنخفضة، ومنها ما يستقبل الأصوات ذات الذبذبات العالية... وداخل هذه القوقعة سائل له تركيب كيماوي خاص، لم يتعرف إليه العلم إلا حديثا، ويختلف تماما في تركيبه الكيماوي عن السائل الذي يدور خارجه ولا يفصل بينها إلا غشاء رقيق.. وحتى اليوم لا يعرف العلماء طبيعة هذا السائل أو حقيقة مصدره ومنتهاه، وكيف يكون في حركة مستمرة دائبة.

كيفية عمل الأذن:

تتمثل عملية السمع في تحويل الموجات الصوتية (التي تصل للأذن الداخلية عبر الفتحة البيضاوية من الأذن الوسطى) إلى إشارات كهربائية ومن ثم تبثها إلى مراكز السمع العليا في المخ عبر العصب السمعي.

شكل (18)

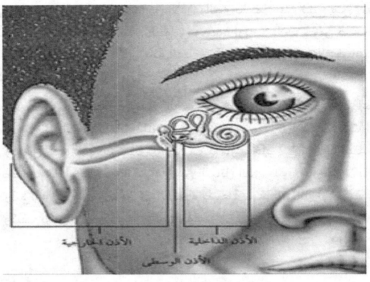

الأذن الخارجية والوسطى والداخلية

وتقــوم الأذن الخارجيـــة و الوســـطى بتوصـــيل الموجـــات الصــوتية (الميكانيكيـة)إلى الأذن الداخليـة، ويتم ذلك عـبر الفتحة البيضاوية، المغطاة بغشاء مشابه لغشاء الطبلة ، كما يلتصق بغشاء الفتحة البيضاوية الركاب مـن جهة الأذن الوسطى، ولذا نجد أن المطرقة ملتصقة بغشاء الطبلـة ، بينما الركاب ملتصق بغشاء الفتحة البيضاوية وبين هاتين العظمتين عظمـة السـندان، فإذا "قرع" الصوت غشـاء الطبلة، فإنها تهتز وتنقل الصوت إلى المطرقة ومن ثم إلى السـندان ثم إلى الركاب ثم يقوم الركاب بهز غشاء الفتحة البيضاوية فينجم عنه سحب و دفع للغشاء (كالمكبس بـالتمام) ، فيحرك السـائل الموجـود خلـف الغشاء، المسـمى بالسـائل البريلمـف Per lymph.

شكل (19)

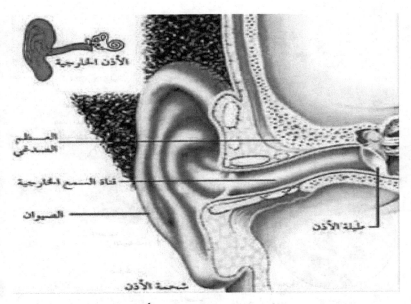

الشكل الخارجي لتشريح الأذن

أما على نطاق الاتزان: فإن الأذن الداخلية تحتوي على القنوات الهلالية semicircular canals وهي سلسلة تحتوي على ثلاث حلقات متصلة مع بعضها، وظيفتها حفظ توازن الجسد، وعند حركة الرأس والجسم يتحرك السائل الذي بداخل هذه القنوات فينتج منه نبضات كهربائية لتصل إلى عصب الاتزان، والذي يلتقي بالعصب السمعي مشكلين بذلك العصب الثامن والذي يتصل بالدماغ.

كما يلتقي العصب السمعي مع عصب الاتزان والعصب المسئول عن تعبيرات الوجه (العصب الخامس) في منطقة في الدماغ، وهذه المنطقة تتكفل بوظائف حيوية عديدة كضغط الدم والنبض والتأهب الجسدي المفاجئ.

شكل (20)

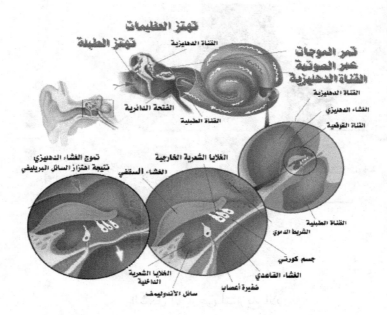

حركية الصوت داخل أجزاء الأذن

كيفية حدوث السمع

تنقل الأصوات عبر الهواء (أو الماء) فهذه الموجات الصوتية تدخل إلى الأذن الخارجية، و تتراكم هذه الموجات عبر قناة الأذن وتصل إلى غشاء الطبلة والذي يُحدث اهتزازا نتيجة لتغير في الضغط.

كما تُحدث هذه الموجات اهتزازات بسيطة للعظيمات الثلاث المتلاصقة (المطرقة والركاب والسندان) وهي أصغر عظيمات في جسم الإنسان والواقعة في الأذن الوسطى بحركتهم هذه تنتقل الموجات عبر النافذة البيضاوية (النسيج الرقيق الخاص بالقوقعة) مما يسبب حركة في السائل الخاص بالقوقعة، بالتالي ستستثار الخلايا الشعرية الموجودة في القوقعة ، عندها تتحول الموجات الصوتية إلى إشارات كهربائية وتُبعث إلى مراكز السمع العليا في الدماغ .

فعند انتقال الصوت من الركاب إلى غشاء الفتحة البيضاوية واهتزازها ودفع الغشاء إلى الداخل والخارج فان السائل الموجود في القوقعة (في الدور العلوي) يجعل "غشاء القاعدة "يهتز ويتأرجح وتهتز الخلايا الشعرية باهتزاز غشاء القاعدة، وبالتالي تهتز الشعيرات الموجودة في أعلى الخلايا الشعرية ، فتقوم هذه الشعيرات بتغيير مستوى الكهرباء في الخلية، ويتم ذلك بطريقة معقدة ودقيقة تعتمد على فتح وإغلاق الكثير من القنوات المسماة بالقنوات الأيونية (والتي تسمح بدخول وخروج أملاح معينة كالكالسيوم والبوتاسيم والصوديوم والكلوريد) في اقل من أعشار الثانية ، مما ينتج عنه نبضة كهربائية محددة تنتقل إلى العصب الصادر من أسفل الخلية الشعرية.

ومن ثم إلى العقدة العصبية للعصب السمعي ثم إلى مراكز السمع في المخ، وتعتبر الخلايا الشعرية بمثابة "محول كهربائي" يحول الصوت إلى إشارات كهربائية عن طريق تحريك الشعيرات واهتزاز الخلية وتغير تركيز الأملاح والأيونات داخل الخلية.

والأصوات التي تُسمع عن طريق الأذن اليمنى يتم إيصالها إلى مراكز السمع العليا بالجانب الأيسر من الدماغ ، والعكس كذلك، كما أن مركز النطق عند الغالبية من الناس في الجانب الأيسر من الدماغ.

شكل (21)

القناة الدهليزية
القناة لقوقعية
جسم كورتي
القناة الطبلية

شكل داخلي للقوقعة

والقوقعة تقع في تجويف عظمي على جانبي الجمجمة، وسميت بالقوقعة بسبب شكلها الخارجي المشابه للقوقعة (الصدفيات)، ويأتي التفافها على شكل حلزوني مدبب من الأعلى وعريض من الأسفل، وتلتف بشكل دائري حول نفسها مرتين ونصف المرة، وقشرة القوقعة متكونة من مادة عظمية رفيعة، والقوقعة هي تجويف عظمي، وهذا التجويف مقسم من الداخل إلى ثلاثة ادوار: الدور العلوي ويسمى علميا بالقناة الدهليزية Vestibular Canal والدور السفلي وتسمى علمياً القناة الطبلية Tympanic Canal والدور الأوسط ويسمى علمياً القناة القوقعية أو الوسطى Cochlear Duct، ويفصل بين الدور العلوي والأوسط

غشاء يسمى بالغشاء الدهليزي Vestibular Membrane، بينما يفصل الغشاء المسمى بغشاء القاعدة Basilar Membrane بين الدور الأوسط والدور السفلي، وهذه الأدوار ممتلئة بسائل من نوع خاص وبه تركيز مختلف من الأملاح والايونات.

وفي الدور العلوي والسفلي سائل يعرف بالابري لمف Perilymph، وترجمته الحرفية هي سائل حول الليمف أو حول اللمفاوي وقد يكون اصل هذه الكلمة مأخوذ من مشابهة لهذا السائل لسوائل العروق اللمفاوية في الجسم.

بينما يحتوي الدور الأوسط على سائل آخر يعرف بالاندو ليمف Endolymph (الليمف الداخلي أو سائل التيه)، وهو سائل مشابه للبري ليمف وعند اكتشافه فرق بينهما بكلمة "حول" وكلمة "داخل" فالبريلمف موجود في الدور العلوي والسفلي(أي حول أو محيط بالدور الأوسط) وسائل الاندو ليمف في "داخل الدور الأوسط.

وتوجد الفتحة البيضاوية Oval Window في بداية الدور العلوي وبينما الفتحة الدائرية Round Window تقع في نهاية الدور السفلي، وتسمح الفتحة الدائرية بخروج الموجات الصوتية التي دخلت إلى القوقعة عبر الفتحة البيضاوية Oval Window لكي لا تتراكم الموجات بداخلها، أي أن الموجات الصوتية تدخل من الفتحة البيضاوية ومن ثم تخرج عبر الفتحة الدائرية بعد قيامها بتحريك غشاء القاعدة وإثارة الخلايا الشعرية.

شكل (22)

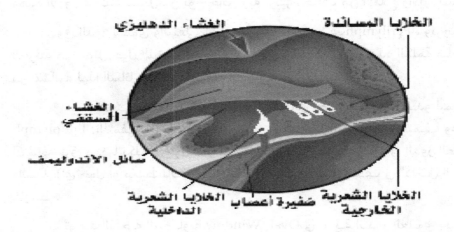

الخلايا المساندة   الغشاء الدهليزي

الغشاء السقفي

سائل الاندوليمف

الخلايا الشعرية الخارجية   ضفيرة أعصاب   الخلايا الشعرية الداخلية

أجسام كورتي والخلايا الشعرية

وتوجد مجموعة من الخلايا المهمة والمتراصة في داخل الدور الأوسط للقوقعة على سطح الغشاء القاعدي و تسمى بجسم كورتي Organ of Corti ، وفي كل قوقعة حوالي 4000 جسم من أجسام كورتي، ويحتوي جسم كورتي على خلايا عديدة و لكن من أهم الخلايا الموجودة في داخل هذا الجسم خلايا تسمى بالخلايا الشعرية Hair Cells، وتنقسم الخلايا الشعرية إلى قسمين رئيسيين: خلايا شعرية داخلية Inner Hair Cells وخلايا شعرية خارجية Outer Hair Cells، وفي كل جسم من أجسام كورتي ثلاث خلايا شعرية خارجية (تأتي على شكل طبقات) وخلية شعرية داخلية واحدة.

وسميت الخلايا شعرية بهذا الاسم لأن في طرفها العلوي شعيرات صغيرة استشعارية للحركة، وتختلف الخلايا الشعرية الداخلية عن الخارجية بشكل الشعيرات وعددها، وفي قاعدة كل خلية شعرية نقطة اتصال مع العصب السمعي، ويوجد عصب وارد (داخل) وعصب صادر(خارج) من كل خلية ومتصل بالعقدة العصبية للعصب السمعي في منطقة قريبة وملاصقة للقوقعة، ويُتوقع أن في القوقعة الواحدة تحتوي على حوالي 4000 خلية شعرية داخلية و 12000 خلية خارجية، وحجم جسم كورتي حوالي 10 ميكرون ويحتوي على خلايا أو أنسجة أخرى بالإضافة إلى الخلايا الشعرية.

شكل (23)

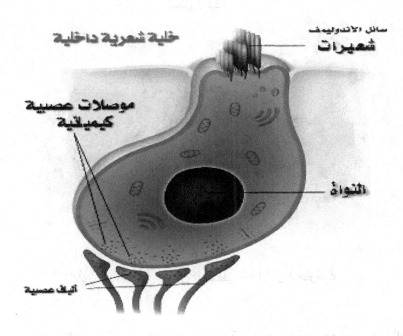

الخلايا الشعرية والألياف العصبية

ويعتقد أن الخلايا الشعرية وأجسام كورتي موزعة على طول الغشاء القاعدة بطريقة محددة وتصطف على شكل خريطة محكمة، ففي مناطق معينة من الغشاء توجد خلايا شعرية محددة تميز الموجات الصوتية العالية التردد وفي مناطق أخرى توجد خلايا لتميز الموجات الصوتية المنخفضة التردد وكذلك الحال مع غشاء القاعدة فهو أيضا به مميزات تساعد في تميز الترددات فسمكه غير منتظم فاحد أطرافه رقيق وعريض بينما الطرف الآخر متين وضيق، وهذا الغشاء يشبه شكل الشراع (احد أطرافه رقيق والآخر سميك اى مشدود) ومغمور في الماء فلو هززت احد أطرافه فان هذا الغشاء سوف يهتز بشكل غير متساوي حسب شدة الاهتزازة (تبعا لشدة لصوت الذي يهز السائل في داخل القوقعة).

شكل (24)

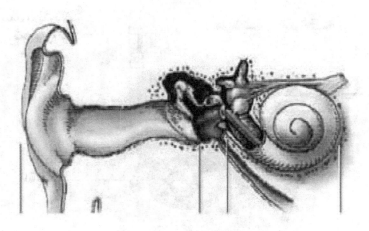

الأذن الداخلية   الأذن الوسطى   الأذن الخارجية

ويغطي الخلايا الشعرية من فوق(من جهة الشعيرات) سقف يسمى الغشاء السقفي Membrane Tutorial، ولذلك فان الخلايا الشعرية محصورة بين غشاءين:الغشاء السقفي من الأعلى والغشاء القاعدي من الأسفل.

إنجازات في مجال التربية السمعية

أدى ظهور الوسائـل التكنولوجيـة الحديثـة وتطـور أساليب المعرفة في الحيـاة والتعرف على مدى أهمية الاعتناء بذوي الاحتياجات الخاصة في الفترة الأخيرة إلى وجود إنجازات في مجال التربية السمعية ، ويظهر ذلك كما يلي:-

إنجازات في مجال التربية السمعية:

1- استحداث مرحلة رياض الأطفال في مدارس الأمل للصم وضعاف السمع كخطوه علي طريق الرعاية المبكرة وزيادة الثروة اللغوية للأطفال.

2- تم افتتاح وحدة لفحص الأطفـال حديثي الـولادة بمعهد السـمع والكلام بإمبابـة ؛ والذي تغير اسمه إلى " معهد الإعاقات الحركية حاليا " ، حيث يتم فحص السمع والكلام بالكمبيوتر وفحص السمع بالانبعاث الصوتي ، ومن ثم يعد ذلك مـن قبيل الاكتشاف المبكر للإعاقة السمعية .

3- تشكيل لجنة لتصميم مناهج وكتب جديدة تناسب التلاميذ ذوى الإعاقة السمعية .

4- اختـرع مهاجر مصري يعيش في كندا لغة جديدة تجعل فاقدي السـمع قـادرا ً علـى التعامل مع العالم المحيط به بشكل أكثر فعالية ، وذلك مـن خلال اسـتخدام أجهـزة الكمبيوتر .... وقد أطلق على هذه اللغـة " لغـة البـازي " وتعتمـد علـى كمبيـوتر مزود بنظام للتعرف على الصوت ولإملاء الكلمات واستعادتها عـبر شـريط تسـجيل ...وتضم تلك اللغة (23) حرفاً أبجديا ويمكن تعلمها بسهولة .

5-تعميم أجهزة التطوير التكنولوجي في مدارس الأمل (حاسب الآلي- اوفرهيد بروجيكتور- فيديو- تليفزيون- وكذلك الوسائط المتعددة ومعامل العلوم المطورة).

6-إخراج القاموس الإشاري المرئي علي أقراص (CD) وتوزيعه علي المدارس .

7- وأيضا إخراج القاموس الإشاري المصور الموحد من قبل جامعة الدول العربية .

8-مواكبة تلاميذ مدارس الأمل لما يتم من تعديلات في خطط ومناهج التعليم العام وتتفق مع قدراتهم وتناسبهم مثل (إدخال مادة الأنشطة والمهارات العلمية – تدريس اللغة الإنجليزية في الصفين السابع والثامن الابتدائي- حصة للمكتبة – الخط العربي- إدخال الحاسب الآلي في المرحلتين الابتدائية والإعدادية – إدخال مادة التكنولوجيا في المرحلة الإعدادية المهنية).

9-مساواة خريجي مدارس الأمل الحاصلين علي الثانوية الفنية للصم في رواتبهم في الوظائف الحكومية بالحاصلين علي الثانوية الصناعية .

10-تحديث المجالات المهنية في المرحلتين الإعدادية المهنية والثانوية الفنية لضعاف السمع بما يتفق مع الجديد في العصر وسوق العمل.

11-إدخال نظام مشروع رأس المال في بعض المدارس الثانوية الفنية للصم.

12-وصول عدد لجان دبلوم الثانوي الفني للصم إلى 29 لجنة في 21 محافظة (جيهان يوسف: 2002أ ؛ جيهان يوسف : 1997؛ عبد الحميد يوسف :2002).

الفصل الخامس
أساليب وفنيات التواصل
لدى ذوى الإعاقة السمعية

أساليب وفنيات التواصل لدى ذوى الإعاقة السمعية

مقدمة :

إن الطفل ذي الإعاقة السمعية تنتابه الرغبة العارمة في تفهم ما حوله وإيجاد مخرج أو وسيلة تمكنه من ترجمة أفعال وأقوال الآخرين من عادي السمع، ولذا فإنه يحتاج إلى التواصل معهم مثل فنان البانتوميم ، والذي يجيد التعبيرات اليدوية مع باقي أجزاء جسمه وذلك لترجمه ما بداخله بدون مؤثرات صوتية مستقبله أو مرسله .

ومن ثم يشير " اورو " Hureau, M. (2008) إلى أن استراتيجيات التواصل مع ذوى الإعاقة السمعية تعتمد علي الكلام وقراءة الشفاه، كمسلك أساسي لعمليه التواصل، والتي قد تساعدهم علي الدخول في عالم الخبرات.

ومن طرق التواصل مع الأطفال ذوي الإعاقة السمعية ما يلي :-

أولاً: طريقه قراءة الشفاه Lip Reading:

ويقصد بها أن يفهم ذي الإعاقة السمعية حركة الفم وبصفة خاصة الشفاه أثناء الكلام وذلك بالتركيز البصري علي طريقه كلام الآخرين، وكذلك تعرف بفن معرفة أفكار المتكلم وذلك بملاحظة حركات فمه، وهذا النوع من اللغة يعتمد علي حاسة البصر وتعبيرات الوجه وبعض الحركات والإيماءات التي قد تضيف معاني جديدة علي ما هو مسموع، بالنسبة لعادي السمع.. وتعتمد قراءة الشفاه علي عده عمليات أساسية يستخدمها ذي الإعاقة السمعية وهي:

أ- الطريقة التحليلية: وتقوم علي تركيز الطفل علي حركات شفتي المتكلم والتي تشكل معا معني مقصوداً يراد به فهم دلاله معينه لشيء والتعبير عنه.

ب- **الطريقة التركيبية:** وفيها يركز الطفل ذي الإعاقة السمعية علي معني الكلام بصورة أكبر من التركيز علي حركات الشفاه لدي المتكلم وذلك لكل مقطع مـن مقاطع الكلام.

جـ-**طريقة الصوتيات: Phonetic Method** وتركز علـي أجـزاء الكلمـة، فيتعلم بـذوي الإعاقة السـمعية نطق الحروف السـاكنة والحروف المتحركة ثم يتعلم نطق مجموعة من الحروف المتحركة ثم يتعلم نطق هذه الحروف مع بعض الحروف الساكنة.

د- *طريقة الوحدة الكلية:* حيث تهـتم هـذه الطريقـة بالوحـدة ككـل، فـلا تركـز علـي الحرف أو الكلمة أو حتى علي الجملة، بل علي الكل كالتركيز علـي قصه قصيرة حتى وإن كان الطفل لا يفهم منها سوي جزءاً صغيراً (فاروق الروسـان : 1989؛ هدي عبد الرحمن : 1998) .

ولذا فإن قراءة الشفاه ما هي إلا وسيلة معينة علي الفهم لكنها ليست بديلاً عـن الطريق الآخر، فقـد تـؤدي إلى الفشـل في استخدام بعض الكلمـات أو اختصار بعض الكلمات أثناء الحديث باللغة الصامتة (Morethan & Richard: 1980).

ويختلف عبد الرازق سيد (1995) عن الرأي السابق في أن لقراءة الشفاه أهميـة كبري، فهي تساعد الطفل ذي الإعاقة السمعية علي إدراك مـا يقـال أمامـه، وحـل رمـوز الكلمات بواسطة القراءة البصري للكلام.

ويحجم " ريلي " Reilly (1983) من أهميـة قراءة الشـفاه بـدعوى أنها تقيـد الأطفال ذوى الإعاقة السمعية، وتمنعهم من التواصل المتكامل إلى جانب عـدم تقدمهم في الفهم بطريقة طبيعية وسريعة للغة أو الكلمات المنطوقة.

وتتضح أهميـة قراءة الشـفاه بصـفة خاصـة في مواقـف التـواد مـع الأم والابـن والأخـوة والأخـوات نحـو الطفـل ذوي الإعاقـة السـمعية ، وذلـك بـالتعرف علـيهم وتشجيعهم علي الاستجابة البصرية والانفعالية، بل وتساعد علي تدريب ذلك الطفل علي القراءة الشفوية للكلمات والأسماء المرتبطـة بأفراد الأسرة، والطعام، والشراب، والملبس، والخبرات الحسيه المناسبة الأخرى (فاروق صادق: 1997) .

ويتضح للباحث: أن للتـدريب عـلي قـراءة الشـفاه دوراً فعـالاً في المسـاعدة عـلي تواصل الأطفال ذوى الإعاقة السـمعية مـع الآخـرين، فـالتعود والتـدريب عـلي التطلـع بوجه المتكلم والتركيز علي مداخل ومخارج الكلمات والتي يعبر عنها بـالفم ويـتم ذلك بالتركيز البصري علي حركات الشفاه لمخارج الحروف.

ثانياً : الطريقة الملفوظة Oral Method

وتؤكد تلك الطريقة علي المظاهر اللفظية، وتعتمد علي الكـلام وقـراءة الشـفاه كطرق أساسيه لعمليه التواصل ، والطريقة الملفوظة تسهم في دمج الشخص الأصـم مـع الأشخاص عادي السمع . وبالطريقة الملفوظة الصرفة ليست بالأمر الهين علي الطفل ذي الإعاقة السمعية، ولهذا كانت طريقة الحديث بالتلميح Cued Speech التـي لا تعتمـد علي اللغة الملفوظة فقـط بـل تسـتخدم بجانبهـا بعـض الإشـارات ولـذلك أظهـرت تلـك الطريقة نجاحاً وتحسيناً للمهارات الأساسية في القراءة والتواصل(هـدي عبـد الـرحمن: 1998). وتلك الطريقة قد لا تتناسب مـع طبيعـة الإعاقـة السـمعية لـدي ذوى الإعاقـة السمعية وذلك لصعوبة إدراكها وتعلمها لديهم ومرجع ذلك لفقدهم التام للغة والكلام .

ثالثا: أساليب التواصل اليدوية Manual communication

وهذه الطريقة منوطة بخاصتين هما لغة الإشارة وهجاء الأصابع:

أ- لغة الإشارة:

وهي تقوم بوصف وشرح الأحداث والمفاهيم والكلمـات التـي يتفاعـل معهـا الفرد في بيئته والتعبير عنها (مني سليمان: 1997) . ولذا تعتمد علي الإشارة والإيماءات وحركات الجسم التي يعبر بها عن الأفكار، كحركات الكتفين ورفع الحاجب والتعبيرات المختلفة علي الوجه، ومن ثم تنقسم الإشارات إلى:

الإشارات الوصفية :

وهي الإشارات اليدوية التلقائية التي تصف فكرة معينة، مثل رفع اليد للتعبير عن الطول، ورفع الذراعين للتعبير عن الكثرة(إبراهيم الزهيري : 1998) .

الإشارات غير الوصفية :

وهي إشارات ذات دلاله خاصة، تكون بمثابة لغة متداولة بين ذوى الإعاقة السمعية، مثل الإشارة بالإصبع إلى أعلى للدلالة علي " شيء حسـن " أو الإشارة بالإصبع إلى أسفل للدلالة علي " شيء رديء " وهذا النوع ربما مرجعه إلى الجنة في السماء وهي شيء حسن أو إلى الجحيم في أسفل الأرض وهو شيء رديء (لطفي بركات: 1978).

ولذا فإن الإشارة هي امتداد لمرحلة التواصل اللفظي مع التوسع في الـدمج بـين اللغتين الشفوي ولغة الإشارة، حسب استعداد الطفل وقدرته علي فهم واستيعاب المواقف، ولذلك فمن المهم تدريب الآباء والأمهات علي استخدام كل الإشارات الممكنة، والإيماءات البصرية أو البانتوميم في التنمية الكلية للغة الطفل (فاروق صادق: 1997).

ويرجح محمد فتحي (1994) لغة الدلائل أو الإشارات غير اللفظية بما تمثله من أهمية خاصة لقارئ الكلام في التواصل، وكذلك يعتقد بأنها تكون أكثر أهمية وصدقاً من الدلائل اللفظية.

بينما يشير كل من " كلومين وكوسـتاد Custad & Klumin (1994) إلى أن الوالدين اللذين استخدما لغـة الإشـارة كانـا أكـثر تماسـكا وترابطاً مـن نظرائهم الـذين اعتمدوا علي طرق أخري للتواصل.

ويتضح للباحث: أن الإشارات الوصفية قـد يستخدمها ذوى الإعاقـة السـمعية، عندما لا يتم فهم الإشارة غير الوصفية لشيء معين أي يتم التعبير بالوصفي عما هو غير وصفي، ومرجع ذلك قد يكون لعدم إتقان الصم للغة الإشارة، المتمثلة في الإشارات غير الوصفية من قبل ذوي السن الصغير أو ذوي المستوي العقلي أو التعليمي المنخفض.

ب- هجاء الأصابع: Finger Spelling

وهي إشارات حسية مرئية يدوية للدلالة علي الحروف الهجائية وتستعمل بطريقة متفق عليها والتي تتألف من عدد من أشكال اليد يحمل كل منها قيمة حرف من الحروف الهجائية مكتوباً حيث يقوم ذوى الإعاقة السمعية بنقل هجاء الكلمات علي نحو مرئي كما لو كانت مكتوبة في الهواء، ويمكن بواسطتها التعبير عن الأسماء أو الأفعال التي تكون صعبة التعبير باستخدام لغة الإشارة، إلا أنه يمكن الجمع بين لغة الإشارة وهجاء الأصابع معاً وذلك لتكوين جمل مفيدة ذات دلالة ومعني.

رابعا: الإيماءات: Gestures

ويرى " دالجليش " Dalgleish أن ما يمتلكه الطفل الطبيعي من اللغة العامة يقلل من احتياجاته من استخدام الإيماءات في تعبيراته التقديرية مع الآخرين، وأن تأثير تلك الإيماءات يلعب دورا مؤثرا في تقديرات الأطفال ذوى الإعاقة السمعية، وتأثيرات الحديث المتبادل مع الآخرين، ولذا تعد تلك الطريقة أكثر استخداما خارج الفصل عنه داخله في التواصل (محمد عبد الحى:1994).

خامسا: القراءة والكتابة:- Writing –Reading

تعد القراءة والكتابة من أهم طرق التواصل التي يستخدمها ذوى الإعاقة السمعية فيما بينهم أو مع العاديين عند وجود عدم فهم للرسائل بالطرق الأخرى المستخدمة في التواصل.

ويشير ماكسويل Maxwell (1985) إلى أن قـدرات القـراءة والكتابـة للأفـراد ذوى الإعاقة السمعية في الغالب لا تتجاوز مسـتوى الصـف الرابـع الابتـدائي ومـع ذلـك فأنهم يستخدمون الكتابة يوميا لتبـادل المعلومـات في المنـزل، والعمـل، والتواصل مـع العاديين.

وتتسم كتابـة ذوى الإعاقـة السـمعية بالجمـل القصـيرة والبسـيطة، ومـن ثـم يستخدمون الكلمات إلى تحتوى على: الأسماء، والأفعـال، والصـفات أكـثر مـن الكلمـات التي تشير للوظائف مثل الروابط وحروف الجر (Webster :1986).

سادسا : طريقة التدريب السمعي :

وتعد من أقدم طرق تدريب المعوقين سمعياً علي اكتسـاب المهارات الاتصالية اللغوية، وتركز تلك الطريقة علي استغلال بقايا السمع لـدي الطفـل والمحافظـة عليهـا وتنميتها عن طريق تدريب الأذن علي الاستماع والانتباه السمعي وتعويـد الطفـل علـي ملاحظة الأصوات المختلفة والدقيقة والتمييز بينها، وتعتمد هذه الطريقة على اسـتغلال بقايا السمع لدى الطفل والمحافظة عليها والعمل على تنميتها واستثمارها ما أمكن ذلك عن طريق تدريب الأذن على الاستماع، وتعويد الطفل على ملاحظـة الأصوات المختلفـة والدقيقة والتمييز بينها والإفادة من المعينات السمعية في توصيلها إلى الطفل لإسماعه ما يصدر عن الآخرين، وكذلك ما يصدر عنه من أصوات وتمكينه من إخراجها وتقليدها وتكرارها مع تدريبه على تهذيب وتنظيم عملية التنفس، وعلاج عيوب النطق, وتلاؤم هذه الطريقة ضعاف السمع أكـثر مـن أولئـك الأطفـال ذوي الإعاقـة السـمعية (أحمـد اللقاني ،أمير القرشي : 1998 ؛ فتحي عبـد الرحيم، حليم بشاي : 1988 ؛عبد المطلـب القريطي: 1996؛عبـد الفتـاح رجـب : 2002 ؛ وزارة التربيـة والتعليـم : 2002 ؛ عبـد المطلب القريطي : 2001)

سابعا: طريقة روشيستر

ويتم في تلك الطريقة دمج طريقة هجاء الأصابع مع قراءة الشفاه إذ يقوم ذي الإعاقة السمعية باستخدام هجاء الأصابع للدلالة علي كـل كلمـة وتنفـذ تلـك الطريقـة لأنها تشعر المشاهد بالملل نظراً لكونهـا تركـز علـي كـل حـرف يتم التعبير عنه بهجـاء الأصابع وكذلك قيام ذي الإعاقـة السـمعية بـالتعبير عـن كـل حـرف هجـاء مـن خلال الأصابع.

ثامنا: طريقة التواصل الكلي :

ويراد بالتواصل الكلي حق كل طفل ذي إعاقة سمعية في تعلم استخدام جميع الأشكال الممكنة للتواصل بهدف تنمية مهارات اللغة في سن مبكرة بقدر المستطاع لدية سواء عن طريق لغة الإشارة، والكلام، وقراءة الشفاه وهجاء الأصابع والقراءة والكتابة وحركات الجسم التعبيرية، ومن ثم الإعاقة السمعية استخدام الطريقة المناسبة وفق إمكانياته للتعبير عن ذاته أثناء تواصله مع الغير ولذا فقد أظهر ذوي الإعاقة السمعية ممن يستخدمون طريقة التواصل الكلية درجات مرتفعة في التواصل مقارنة بأولئك الذين يستخدمون طرقاً تواصلية أخري.

مميزات أسلوب التواصل الكلى :

أ- لا يلغى استعمال الأجهزة السمعية بل يعمل على استغلال أي بقايا سمعية في إدراك الصوت حتى يصبح واضحا في ذهن التلميذ ذي الإعاقة السمعية.

ب- لا يلغى استقراء الكلام " قراءة الشفاه".

ج- يستطيع التلميذ ذي الإعاقة السمعية من خلال هذا الأسلوب اكتساب لغة الإشارة بسرعة اكبر كما يتيح له التعبير عن احتياجاته ورغباته ومشاعره.

د- يمكن هذا الأسلوب الوالدين من شرح وتوضيح الأشياء لطفلهما ذي الإعاقة السمعية كما يمكنهم من البقاء معه لفترة أطول، وبهذا قد تصبح الحياة الأسرية أفضل ويتجنب الطفل المشاكل النفسية.

هـ - يصبح لدى المدرسة تلميذا ذي إعاقة سمعية أكثر تواؤما وانسجاما مع البيئة المحيطة به.

ومن ثم فإن تطبيق أسلوب التواصل الكلي يتيح الفرصة أمام الطفل ذي الإعاقة السمعية للتعبير بشكل رحب عن حاجاته ومشاعره مما يجعله يشعر بالانسجام مع بيئته والتوافق مع ذاته (عبد الرازق سيد : 1995).

ويتضح للباحث: أن التواصل الكلي أسلوب أكثر فاعليه في القدرة علي جعل الطفل ذى الإعاقة السمعية أكثر قدرة علي تفهم الآخرين، من خلال المزج بين الكل المتمثل في لغة الإشارة وقراءة الشفاه وهجاء الأصابع مع الإتيان بالحركة المعبرة مما يجعل إدراك ذلك الطفل يتم بصورة أكثر استيعابا وأكثر تفهماً لما يدوره حوله.

تاسعا: التكنولوجيا المعينة:

قد حدث تطوير في أجهزة الاتصال التليفوني لذوي الإعاقة السمعية عن طريق إضافة آله كاتبة مبسطه وشاشة صغيرة للتليفون المرسل والمستقبل، حيث يستقبل ذي الإعاقة السمعية الحديث التليفوني علي شاشة بدلاً من السماعة كما يجيب بالدق علي الآلة الكاتبة وبذا يحدث الاتصال بين الطرفين ويعرف ذلك اختصاراً باسم TTY أو TTD ؛ إذ يساعد ذوي الإعاقة السمعية علي الاتصال بأخر أسم، عن طريق الضرب علي الآلة الكاتبة KEY Board الخاصة به والمتصلة بتليفونه فيظهر ما يطبعه علي شاشه مكتوباً عند الطرف الآخر الذي يقوم بدورة بالرد علي الرسالة التي تلقاها فقد أمكن إلكترونيا إضافة جهاز يحول الصوت إلي إشارات تظهر علي ركن من الشاشة بحيث تترجم كل ما يقال من أي برنامج إلي لغة الإشارة التي يفهمها الأصم فيتمكن من متابعة البرنامج كالشخص سليم السمع، وقد تطور التليفزيون بأكثر حداثة ؛إذ يعرف باسم CLOSED CAPTIONING حيث يقوم جهاز صغير DECODER يوصل بالتليفزيون يحول الحديث الدافئ في التليفزيون إلي كلمات مكتوبة تظهر في شريط في الجزء السفلي من شاشه التليفزيون المنتجة حديثاً (عثمان فراج: 1999) .

ومن تلك الأجهزة التالي:

أ- محول الصوت إلي مثيرات لمسية :

وهو وسيلة تستخدم لتحويل الموجات الصوتية إلي استثارة لمسية للتدريس للأفراد ذوي الإعاقة السمعية.

ب- المرسل والمستقبل السمعي:

وهو عبارة عن لوحة توضع عليها الأحرف بواسطة الشخص ذي الإعاقة السمعية وتترجم داخله إلي صوت إلكترونياً حيث يستجيب الشخص الأخر من خلال مفاتيح لمسية وبالتالي تظهر الرسالة علي وسيلة الشخص ذي الإعاقة السمعية.

جـ- جهاز مساعد السمع:

وهو جهاز يصدر ذبذبات إيقاعية في راحة يد الطفل، وهذه الذبذبات تيسرـ له الاستجابة إلي ما يطلب منه.

د- جهاز تحويل المحادثة إلي لغة أشارية:

وهو جهاز يلحق بجهاز التليفزيون ويساعد الأفراد ذوى الإعاقة السمعية علي قراءة الحوار الناطق علي أجهزتهم.

هـ- جهاز محول الكلام إلي صور لمسية :

وهو وسيلة الكترونية تغير الكلام وتحوله إلي صور لمسية علي جهاز يشبه الساعة لمساعده ذوي الإعاقة السمعية.

و- جهاز محول الأصوات إلي ذبذبات:

وهو وسيلة ميكانيكية تنقل الأصوات لذبذبات يمكن أن يسمعها المصابون بتلف سمعي (إبراهيم الزهيري : 1998) .

هـ- كاتب لذوي الإعاقات السمعية:

وتعد أول خدمة للتبـديل الهـاتفي في العـالم تتيح لـذوي الإعاقات السـمعية والنطقية إجراء وتلقي اتصالات، نظرا لكونها تتيح لأي شخص يستعمل هاتفاً كاتباً وهو مزود بلوحة مفاتيح وشاشة لإجراء مخابرات ذات ترقيم مباشر يتم توصيلها مباشرة بعاديي السمع.

س- قفازا يتخاطب بالعربية مع الصم والبكم:

في أحدث تجربة علمية بكلية العلوم جامعـة المنصورة قامـوا بإجراء تجربة لجهاز جديد يساعد الصم والبكم على الاتصـال بـالآخرين عـن طريـق اسـتخدام قفاز يترجم لغة الإشارة، وتم بناء نظام أوتوماتيكي يعتمـد عـلى اسـتخدام قفاز يحتـوي عـلى مجموعة من أجهزة الاستشعار التي تقوم بقياس زوايا انحناء الأصابع وميل كـف اليد ودرجة دوران رسغ اليد، وبذلك يمكن الحصول على سبع قيم مقاسة لكـل إيمـاءة مـن إيماءات اليد.

عاشرا : زرع الأذن الصناعية:

إذ تجرى لأول مرة في مصر عملية زرع الأذن على نفقة الدولة وفي مستشفياتها الجامعية وبذلك يتحقق الأمل لنحو (300) آلف مريض بالصمم الكلى بمصرـ في القدرة على استرجاع السمع لهم بنسبة 60% على الأقل وذلك بعملية زرع الأذن الصناعية.

حادي عشر: البرامج التليفزيونية المترجمة بلغة الإشارة:

إذ شاهد ذوى الإعاقة السمعية لأول مـرة في مصرـ نشرة أخبار مترجمـة بلغـة الإشارة وهو ما سوف يتيح للملايين مـن ذوى الإعاقة السـمعية فرصـة مشـاهدة أفلام ومسرحيات كاملة بلغة الإشارة، وقد تقرر أيضا وضع مشروع شرح معاني القرآن الكريم بلغـة الإشـارة حيـز التنفيـذ (أمـال قانصـو:2002؛ جيهـان يوسـف: 2002؛ جيهـان يوسف:2000؛ جيهان يوسف:1999).

الفصل السادس
المعينات السمعية

المعينات السمعية

مقدمة :

تعد وظيفة السمع التي تقوم بها الأذن من الوظائف الرئيسية والمهمة للكائن الحي ، ويشعر الفرد بقيمة هذه الوظيفة عندما تتعطل القدرة على السمع لسبب يتعلق بالأذن نفسها، حيث تتولد صعوبة في انتقال المثير السمعي من الأذن الخارجية إلى الأذن الوسطى فالأذن الداخلية فالعصب السمعي ومن ثم إلى المركز السمعي في الدماغ حيث يتم تفسير المثيرات السمعية وعند حدوث خلل في تلك الأماكن تحدث الإعاقة السمعية الأمر الذي يستوجب الاستعانة ببدائل تساهم في اكتساب اللغة وأحداث نوعا من أنواع التواصل مع الآخرين وهو ما يطلق عليه المعينات السمعية ، وسوف نستعرض أهم أنواع المعينات السمعية والتي تستخدم مع ذوى الإعاقة السمعية وذلك كما يلي:

أ- نمط الجسم أو الجيب Body or Pocket Type

وتعتبر هذه النوعية من المعينات أكثرها ضخامة وذلك عند مقارنتها بأنواع المعينات السمعية الأخرى كلها، وسلبياتها تكمن في وضعها عادة على الصدر أو الظهر الأمر الذي قد يؤدي إلى صدور بعض الأصوات أو الكلام التي قد تنشأ على أحد جانبي الجسم، وقد تصل إليه بقايا طعام أو يستهلك من كثرة الحركة والاحتكاك.

ب- نمط العدسة Eyeglass Type

ويتشابه المعين السمعي من نمط العدسة إلى حد كبير مع مستوى الأذن من حيث الكفاءة والجودة النوعية كما أن صوته رأسي التوجه Head - Oriented ومن ثم يستطيع أن يلتقط الكلام العادي بسهولة ولكن يجب الانتباه جيدا إلى جزئية تثبيت المعين السمعي وكذلك إلى نمط العدسة نظرا لان هياكل المعينات السمعية تكون أكثر سمكا وأثقل في الوزن .

جـ- نمط كروس Crosse Type

ويستخدم مـن خلالـه المعين السـمعي مـن نمـط " كـروس " (الأذن الصـناعية) بالنسـبة لفقـدان السـمع أحادية الجانـب Unilateral Hearing Losses، ويلاحـظ في ذلك أن هناك أذن سليمة والأخرى بها عطب ما، وتكمن وظيفـة هـذا الـنمط في حمـل الصوت من الأذن ضعيفة السمع إلي الجانب الآخر المقابـل، أي إلى الأذن السـليمة مثـل انتقال إرسال الراديو.

د- نمط كروس الثنائي Bi -Crosse Type

إن هناك أوجه تشابه عديـدة بـين المعـين السـمعي مـن نمـط" كـروس الثنـائي والعادي، من حيث أن الصوت والكلام والذي يحمل من جانب الأذن الضعيفة إلى الأذن السليمة إلا أن لهذا النمط ميزة إضافية لمن يعانون فقدانا للسمع في كلتا الأذنـين ولكـن دون تساوي للفقدان السمعي في كلتا الأذنين، وربما قد تحتاج الأذن السـليمة إلى بعـض التضخيم والتكبير السمعي بشكل مقنن (عبد الرحمن سليمان: 1997).

هـ- معينات مستوى الأذن(خلف الأذن) Ear Level or Aids

ويعد هذا النمط أكثر انتشاراَ ً وتنوعاَ ً حتـى بالنسـبة للأطفـال صـغار السـن، ويمكن أن يستخدم بنجاح مع حالات فقدان السمع البينية والحادة بوضـع الميكروفـون بحيث يسمح بالتقـاط صـوت متوجـه نحـو الـرأس Oriented–Head أو صـوت أكثـر وضوحا.

و- نمط داخل الأذن In-the-Ear Type

وهو نمط منتشر بكثرة نظـرا لقـدم اسـتخدامه وتميـزه عـن التعـرض لأي معـين سمعي أعلى الأذن الخارجية، وتكمـن سـلبياته في صـغر حجـم أداة الـتحكم في الصـوت وكيفيه ضبطه، مما يوجد صعوبة للأيدي الصغيرة لضبطه والتحكم فيه.

ز- طريقة اللفظ المنغم (فربوتونال) Verb Tonal

وتعد تلك الطريقـة مـن أحـدث طـرق تعلـيم ذوى الإعاقـة السـمعية وتهـدف لتنمية مهارتي الكلام والاستماع وتساعد على إدماج هـذه الفئـة في المجتمـع مـن خـلال التواصل معهم عن

طريق الكلام، وتعتمد هذه الطريقة على أن الإنسان لا يسمع بالأذن وحدها، فلكل حاسة من الحواس الخمس العضو الخاص بها إلا أنه وجد أن الصوت يتم إدراكه على هيئة ذبذبات تصل إلى المخ مباشرة حتى ولو لم تمر على الأذن، كأن تمر من خلال أعصاب اليد أو أي جزء عظمي، ويمثل ذلك الأساس لتلك الطريقة اذ يمكن من خلالها إرسال الرسالة السمعية للمخ مباشرة، وذلك من خلال تدريبات يتلقاها ذى الإعاقة السمعية يتم بعدها إحداث تكيف للمخ نفسه على تكوين صور سمعية ولغوية ترتبط بمدلولات معينة وتتلقى معلومات جديدة عن طريق تلك الذبذبات التي يدركها المخ، وتحتاج طريقة اللفظ المنغم إلى وجود أجهزة السوفاج (2,1) بالأشعة الحمراء، والميني سوفاج تعطي ترددات منخفضة جداًَ، كما أنها تحتوي على مرشحات تمكن الطفل من الوصول إلى المجال السمعي المناسب له، ولذا يستخدم معها كلا من السماعة " لضعيف السمع " والمذبذب لذوي الصمم الكلى السمعية والذي يقوم بنقل الصوت على هيئة ذبذبات تصل للمخ عن طريق آخر غير الأذن تعتبر طريقة اللفظ المنغم طريقة حديثة تعمل على تنمية السمع والحديث لدى الطفل ذى ذي الإعاقة السمعية فى سن مبكر جداً بدأًَ من ستة أشهر (سن المناغاة) مهما كانت درجة فقد السمع (فقد سمع تام أو عميق) بهدف دمجه في المجتمع عن طريق التواصل الطبيعي وهو الكلام، وتقوم فلسفة هذه النظرية على أسس علمية هامة منها :

1- أن الإنسان يستطيع أن يميز الصوت في مجال التردد من 20إلى20000هرتز .

2- أن الإنسان يستطيع أن يميز الحديث من300إلى3000هرتز .

3- أن جسم الإنسان شديد التأثر بالترددات المنخفضة بدأ من 50هرتز .

4- أن دهليز الأذن شديد التأثر بالإيقاعات الموسيقية في الترددات المنخفضة جداً بدأ من 13 هرتز.

ولما كان الطفل ذي الإعاقة السمعية لديه بقايا سمعية في الترددات المنخفضة مهما كانت درجة فقد السمع فإن أفضل طريقة لتنمية السمع والحديث لديه هو الإيقاع الحركي والموسيقى.

وفي حالة عصب السمع التالف يتم الإصابة بضعف سمعي حسي- عصبي Sensor Neural Hearing Loss يمكن توصيل الرسالة الكلامية في صورة إشارات كهرومغناطيسية إلي المخ عن طريق أعصاب الجلو العظم وذلك بواسطة المذبذب المتصل بأجهزة SUVAG وهي المعين السمعي الذي تقوم عليه الطريقة وبالتدريب المستمر سوف يكيف المخ من نفسه كي يبدأ في تكوين صور سمعية ولغوية وربطها بمدلول وتلقي معلومات جديدة عن طريق تلك الذبذبات التي أدركها ، وقد أمكن بالفعل عن طريق أجهزة SUVAG أن يهيأ للطفل ذي الإعاقة السمعية المجال الأمثل للسمع مهما كانت درجة فقد السمع بما فيها من مميزات من تنقية وتكبير الأصوات التي يسمعها الطفل وعزل الأصوات التي لا يسمعها مما يهيأ للطفل المجال السمعي الأمثل لتنمية السمع والحديث حيث يتمكن من تكوين الحصيلة اللغوية التي تمكنه من الدمج مع الأطفال السامعين في المدارس العادية وبالتالي مع المجتمع وقد تمكن 3% من المتدربين بهذه الطريقة من الالتحاق بالجامعة في مصر (سميرة شند: 1997).

ح - زراعة قوقعة الأذن الإلكترونية

وتشير أمال محمد قانصو (2002) إلى أن زراعة قوقعة الأذن (الحلزون) للأذن الداخلية باستخدام غرس قوقعة الأذن Cochlear Implant تعد هي الأسلوب الفعال طبياً لعلاج حالات الصمم الكامل في كلتا الأذنين عند الأطفال والكبار على حد سواء، فذوى الإعاقة السمعية، وبصفة خاصة ذوى الصمم الكلى، الذين لا يستجيبون أو لديهم استجابة طفيفة للمعينات السمعية الحديثة والقوية Powerful Hearing Aid ولديهم فرصة الاستفادة من الزراعة - بعد تقيمهم طبياً وسمعياً - قد استفادوا من الزراعة وأصبح لديهم حصيلة لغوية وتفاعلات اجتماعية مرتفعة.

شكل (25)

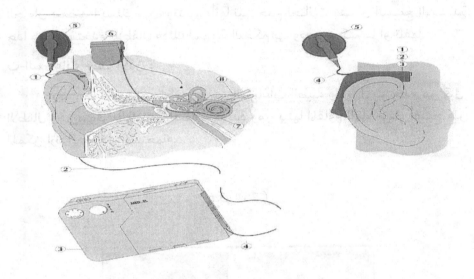

مكان زرع قوقعة الأذن الإلكترونية

ط- السماعات الطبية:

السماعة الطبية (المعين السمعي):

وهي جهاز صغير يعمل على تكبير الأصوات إلى مستوى يسمح لضعاف السمع بسماع الأصوات بالعلو الكافي ويمكنهم من استخدام الأصوات بشكل مناسب.

أنواع السماعات الطبية:

أولا : من حيث الحجم:

أ- السماعات الجسمية:

وتتكون من جـزئين، أحـدهما داخـل الأذن والآخـر يعلـق عـلى الملابـس وتصـل الجزءان ببعضهما بسلك مرن، وتتميز بأنها تستخدم لحـالات فقـدان السـمع الشـديدة جداً وهي تستخدم للأطفال وذلك لسهولة التحكم بها وصعوبة كسرها أو تلفها.

ب-السماعات خلف الأذن :

يعد هذا الحجم هو أول جيل من السماعات الطبية ولا يزال يستخدم من قبل الأطفال وهو متوفر بألوان ومواصفات عديدة ومن بينها المقاوم للماء حيث أصبح مـن الممكن ارتدائها خلال الاستحمام .

شكل (26)

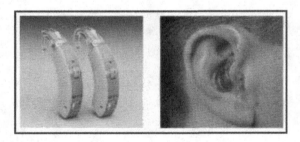

سماعة خلف الأذن (BTE)

جـ-السماعات داخل الأذن (ITE)

وهذا الحجم والذي يوضع داخل الأذن سمح لمستخدمي السماعات التي توضع خلف الأذن بالمشاركة في معظم النشاطات الرياضية بحرية تامـة مـع الاحتفـاظ بـنفس قوة ونقاوة الصوت.

شكل (27)

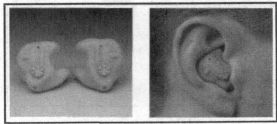

سماعة داخل الأذن(ITE)

د- السماعات داخل القناة (ITC)

وتعد حجمها أصغر من الـ (ITE) وبالتالي فهي ليست ملفتة لنظر الغير.

شكل (28)

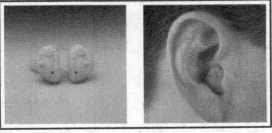

سماعة داخل القناة (ITC)

هـ- السماعات الخفية (CIC)

وهذا الحجم يوضع عميقاً داخل قناة الأذن فتصبح السماعة مخفية كلياً عـن الأنظار مما شجع الكثيرين على ارتداء السماعات الطبية.

شكل (29)

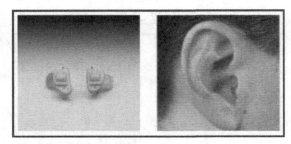

السماعات الخفية(CIC)

و- السماعات الطبية المتصلة بالنظارة:

وهـذا النـوع هـو نـادر جـداً لصعوبة استخدامه وصيانته وتستخدم هـذه السماعات لمن لديهم ضعف سمعي بين المعتدل إلى المتوسـط الشـديد ومصاحباً لـذلك ضعف في النظر.

ثانيا: من حيث طريقة العمل:

أ-السماعات الطبية التقليدية:

وتسمح هـذه السماعات بتحويـل الخصائص الفيزيائيـة للصـوت عـن طريق متغيرات فيزيائية أخرى خارجية.

ب-السماعات الطبية المبرمجة:

وتحتوي هذه السماعات على مكبر وفلتر يمكن التحكم بها عـن طريـق صـادر رقمية خارجية.

جـ - السماعات الطبية الرقمية :

وتحتوي على شريحة تقوم بتحليل الإشارات الصوتية إلى أجزاء صغيرة جداً، وتقوم السماعات بذاتها باختيار الصوت المناسب حسب الضجيج في المحيط.

أجزاء السماعة الطبية:

- الميكرفون: يلتقط الأصوات من المحيط الخارجي ويوجهها إلى وحدة التكبير في داخل السماعة.

- المكبر: يقوم بتكبير الأصوات.

- البطارية: تمد السماعة بالطاقة.

- المفاتيح: مفتاح التشغيل ومفتاح التحكم بشدة الصوت.

- المستقبل: يقوم بتحويل الموجات الكهربائية من داخل السماعة إلى موجات صوتية تصل إلى أذن المستخدم.

الفصل السابع
الإعاقة السمعية وعلاقتها ببعض مظاهر النمو
لدى الطفل ذي الإعاقة السمعية

(النمو الجسمي- النمو اللغوي- النمو العقلي - النمو الانفعالي - النمو الاجتماعي)

الإعاقة السمعية وعلاقتها ببعض مظاهر النمو لدى الطفل
ذي الإعاقة السمعية

مقدمة :

تتباين علاقة الإعاقة السمعية ببعض مظاهر النمو لدى الطفل ذي الإعاقة السمعية من خلال استعراض التأثير والتأثر الحادث من جانب كل مظهر من مظاهر النمو على حدة ويظهر ذلك من خلال التناول التالي :

الإعاقة السمعية وعلاقتها ببعض مظاهر النمو
لدى الطفل ذى الإعاقة السمعية

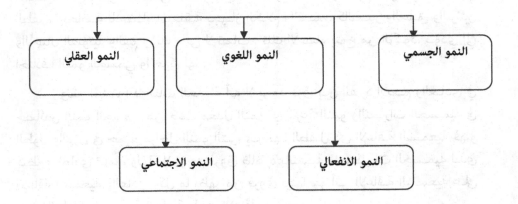

أولا: علاقة الإعاقة السمعية بالنمو الجسمي للطفل :

إن المبدأ الأساسي في تربية الطفل ونموه يتمثل في المحافظة علي صحته علي أعلي مستوي، فحينما يصرخ الطفل ذي الإعاقة السمعية فإنه يشعر بحركاته العضلية ولكنه لا يستطيع أن يسمع الصوت الذي يحدثه ، لذلك فإنه يفتقد نوعاً مهماً من المثيرات والشعور بالأمان ، إذ إنه لا يوجد اختلاف واضح للحاجات الجسمية بين الطفل ذى الإعاقة السمعية وعادي السمع ، خاصة وأن الساعات المنتظمة من النوم والهواء الطلق والطعام الجيد ، كل ذلك يقدم لكلا النوعين فرصاً أفضل للنمو الجسمي (عبد المجيد عبد الرحيم، لطفي بركات : 1979) .

بينما نجد رأيا آخر ينحاز إلي مبدأ وجود تأثير واضح للإعاقة السمعية علي الطفل ذي الإعاقة السمعية، الذي يوصف بأنه شخص غير عادي بكل تأكيد، إذ إن انحرافاته عن المعتاد يمكن ملاحظتها في النواحي الجسمية (مختار حمزة: 1979) .

ويبين علي عبد النبي (1998) أنه يمكن التغلب علي الآثار السلبية للإعاقة السمعية علي النمو الجسمي منذ البداية بالتدريب الحركي الموجه والمتواصل لدي الطفل، وبخاصة للأعضاء المتعلقة بجهاز الكلام والسمع، كالصدر والحلق والرئتين والأحبال الصوتية والفم وذلك حتى لا تصاب تلك الأعضاء بنوع من الركود، يؤدي إلي اختلاف النمو الجسمي والحركي لها .

ولقد أثبتت الدراسات الحديثة أنه لا يوجد فرق بين الفرد الأصم والعادي في خصائص النمو الجسمي من حيث معدل النمو أي سرعة النمو والتغيرات الجسمية في الطول والوزن في جميع مراحل النمو التي يمر بها الطفل ذي الإعاقة السمعية فهو كنظيرة العادي تماماً ، ولهذا لا توجد فروق ظاهرة بالنسبة للمتطلبات الجسمية لذي الإعاقة السمعية والعادي وكل ما يظهر من فروق بينها هو أثر الإعاقة السمعية على بعض العادات الجسمية الخاصة بذوي الإعاقة السمعية .

المتطلبات التربوية للنمو الجسمي لذوى الإعاقة السمعية :

1- العمل على استغلال جميع الحواس الأخرى (البصر- واللمس والتذوق والشم) في العملية التعليمية وهذا يقتضي الاهتمام بالوسائل التعليمية والتنوع فيها بالقدر الذي يناسب ذوى الإعاقة السمعية وما يوجد بينها من فروق فردية واضحة.

2- استخدام الأجهزة التعليمية الحديثة في العملية التعليمية.

3- إتاحة الفرصة للتدريب على التنفس لتنشيط وتقوية العضلات التي تسهم في إحداث الصوت وتعود استعمال الصم في دفع هواء الزفير.

4- التدريب السمعي للمحافظة على بقايا السمع لدى الأطفال ذوى الإعاقة السمعية وتقويتها واستغلالها.

5- التدريب على إخراج الأصوات بنغمات متفاوتة حتى يفهم ذي الإعاقة السمعية نوع النغمة .

6- أن تفهم وتتقبل الفتاة ذى الإعاقة السمعية التغيرات التي تحدث لها نتيجة للنمو الجسمي.

ولذلك يتسم ذوى الإعاقة السمعية فى النواحي الجسمية بالتالي :

- الإتيان بأوضاع جسمية خاطئة.

- تأخر النمو الحركي لديهم مقارنة بالعاديين.

- يحتاجون لتعلم طرق بديلة للتواصل حتى يتطور النمو الحركي لديهم.

- قلة اللياقة البدنية لديهم.

ويتضح للباحث : أن عمليه التعوق والتعطيل في الجهاز السمعي وعدم دخول وخروج الصوت في هذا الجهاز السمعي بسبب عدم استخدامه نتيجة تعطله ، يؤدي بدوره لمشكلات بالجهاز التنفسي ، نتيجة عدم تلقائية حركة الهواء في الجهاز السمعي ، ومن ثم عدم تعطل

جهاز النطق لديه ، واضطراب عمليه التنفس بشكل غير طبيعي ، مما يوحي بأن ذي الإعاقة السمعية أقرب إلي المريض بمرض صدري (تنفسي) ... ومن ثم وجود انتباه للأفعال والمؤثرات الصوتية وبالتالي فإنه قد يفتقد الاستجابة التلقائية الطبيعية والمباشرة للمثير الصوتي، ويتخذ قدرة أقل من تلك التي لدي عاديي السمع.

ثانيا : علاقة الإعاقة السمعية بالنمو اللغوي للطفل

إن القصور الحادث في اللغة لدى ذوي الإعاقة السمعية يجعل هناك صعوبة في ترجمة الأفكار والمشاعر إلى عبارات وكلمات مفهومة ومدركة، فذا الإعاقة السمعية يفكر أولا فيما يريد التعبير عنه ثم تبدأ الأصابع في التعبير عن ذلك من خلال الإشارات أي أن:

الأفكار تترجم لدى العاديين إلى ألفاظ مسموعة ولدى ذوي الإعاقة السمعية إلى إشارات مرئية

إن العاديين يحصلون على المعلومات بواسطة الأذن أما ذوي الإعاقة السمعية فيحصل عليها بالعين

إن لغة الإشارة لا يمكن أن تترجم كل ماهو منطوق كما أنها لا تفهم بسرعة مثل الكلام

والايدى لا يمكن أن تترجم الإشارات بالسرعة التى يقوم بها اللسان

والعين لا يمكن أن تفهم الإشارات بسرعة الأذن عند سماع الصوت

كما أن إخفاق الطفل ذا الإعاقة السمعية في الكلام في السن العادي ، وعدم قدرته علي تفهم كلام الآخرين ، وانعدام تجاوبه وتمييزه للأصوات ، يجعل هذا الطفل يدخل المدرسة دون رصيد لغوي ويعتمد ذلك بصفه أساسيه علي تنبيه حواسه ، وتدريب أعضاء النطق لديه (عبد المجيد عبد الرحيم ، لطفي بركات : 1979) .

ولذا فإن فقدان السمع يؤثر ليس فقط علي القدرة اللفظية لأصوات الكلام بـل يغير أيضاً من القدرة علي تعلم إيقاع Rhythm الكلام وهو التعبير الشفوي عن اللغة (عبد السلام عبد الغفار ، يوسف الشيخ : 1985) .

ويتوقف نمو كل عناصر اللغة علي تغيرات النمو للجهاز العصبي المركزي ، وإن من الطبيعي إذا لم يسمع شخص ما اللغة المنطوقة العادية فإنه لا يستطيع أن يتكلم بفهم وإدراك ، ويشوب كلامه ضجيج بدائي تميزه نغمات مشحونة بالانفعالات (أيوجين مندل، وماكاي فيرنون: 1978) .

ومن ثم فإن طبيعـة اللغـة لـدي الأطفـال ذوى الإعاقـة السـمعية تعتمـد علي تحليـل نـوع الأخطـاء التـي يرتكبهـا هـؤلاء الأطفال،وعـددها أثنـاء كتـابتهم للغـة المحصلة (Kathryn. P., Meadow: 1980) .

وحيث أن اللغة وسيله لتفاعل الإنسان مـع بيئته التـي يعبر مـن خلالهـا عـن أفكاره ورغباته وميوله ، فإن السمع هو حاله وسيطة للكلمة ، والتي تعبر عـن معنى هو نتاج العقل وليس الخيـال ، ومعانـاة ذوى الإعاقـة السـمعية مـن صـعوبات تتعلق بالمعاني الكلية للكلمات بسبب أن حاسة السـمع هـي النافذة الأولي لاستقبال المعـاني والتصورات الكلية (مختار حمزة : 1975) .

ومن هؤلاء الأطفال من حدثت إعاقته في سن مبكرة، ومنهم من حدث صممه في سن متأخرة بعد أن تعلم الكلام ، وهذا النـوع مـن الصـمم يقتصـر- أثـره علي عـدم القدرة علي فهم الكلام المسموع وصعوبة في التعبير عن أفكاره بصورة مناسبة بالإضافة إلي الحرمان من تعلم مفردات وكلمات جديدة (كمال سيسالم : 1988).

اللغة المكتوبة

وبصفة عامة يؤثر الصمم على اللغة المكتوبة لدى ذا الإعاقة السمعية بما يلى:

-الجمل لدى ذي الإعاقة السمعية اقصر من تلك التي لدى العادي.

- ذي الإعاقة السمعية يقوم بتكوين وبناء جمل بسيطة وغير مركبة.

- لا يستخدم ذا الإعاقة السمعية جملا كثيرة في الكتابة.

- التركيبات اللغوية للأصم غير مترابطة ومفككة .

- ذا الإعاقة السمعية يقع في الكثير من الأخطاء اللغوية عند الكتابة.

ويتضح : أن الطفل ذا الإعاقة السمعية قد يتسم بضعف لغة الحديث لديه، ومرجع ذلك لوجود خلل واضطراب في إيقاع الكلمة وقوتها وطبقتها إلا أن تدريب الطفل علي بعض العلامات الإيقاعية للكلام باستخدام حاسة البصر- مع المبالغة في حركة الشفاه، تعد طريقاً لتمرين الطفل علي اللغة بمدركاتها ، فالطفل الأصم يتذكر الكلمات التي لها مقابل في لغة الإشارة كما أن لديه القدرة علي تذكر الأشكال أكثر من تذكره الأرقام ، وهو يشعر بذبذبات الصوت عن طريق الجلد والعظام من خلال مرورها في الجهاز العصبي ، إلا أن هناك فئات يستطيعون من خلال التدريبات والتمرين اكتساب قدرة كبيرة علي الكلام بالرغم من كونهم من ذوى الإعاقة السمعية .

ثالثا: علاقة الإعاقة السمعية بالنمو العقلي للطفل

إن حرمان ذي الإعاقة السمعية من حاسة السمع كان له الأثر في عاداته السلوكية وعدم تناسق حركاته ومدى التحكم في إصداره للأصوات وإحساسه لها وتقليده لها وقد تبين أن الأطفال ذوى الإعاقة السمعية لديهم نفس التوزيع العام في الذكاء كباقي الأطفال العاديين وكذلك في عدم وجود علاقة مباشرة بين الصمم والذكاء إلا أن الحرمان الحسي السمعي يترك بعض آثاره على النشاط العقلي للطفل .

العمليات العقلية لدى ذوى الإعاقة السمعية

يظهر التأثير الحادث للإعاقة السمعية على النمو العقلي من خلال انعكاسه على الذكاء والقدرات العقلية من حيث كون أن الطفل يصبح متخلفاً بحوالي عامين ومرجع ذلك إما لظروف بيئية أو لأسباب عضوية (أحمد يونس ، مصري حنوره : 1991) .

أ-الذكاء:

وقد أشارت الدراسات التي أجريت عن الذكاء IQ لدى ذوى الإعاقة السمعية بأنهم متأخرون في مستوى الذكاء بثلاث إلى أربع سنوات مقارنة بإقرانهم العاديين.

بينما نجد أن الذكاء يلعب دوراً فعالاً في قدرة الإنسان على التكيف مع إعاقته، فكلما كان أكثر ذكاء زادت قدرته على التوافق والتكيف بعكس محدود الذكاء من ذوي الإعاقات، فتصبح لديهم الحياة أكثر تعقيداً ويزداد شعورهم باليأس وانعدام الثقة.

ومن ناحية أخري ينحاز " كارفر " Carver (1988) إلى ذى الإعاقة السمعية موضحاً أن الإصابة بالصمم لا تؤثر على الجانب العقلي لدي الطفل، إذ إنه لا توجد فروق جوهرية بين الطفل عادي السمع والطفل ذى الإعاقة السمعية في القدرات العقلية، وتؤكد اختبارات الذكاء أن معظم الأطفال ذوى الإعاقة السمعية لديهم قدرات عقلية تفوق الأطفال عادي السمع.

ويفند ذلك الرأي " أيوجين مندل وماكاي فيرنون" (1976) من حيث أن ذوى الإعاقة السمعية لديهم جوهرياً نفس التوزيع العام في الذكاء مثل الأطفال السامعين، كما أنه لا توجد علاقة مباشرة بين الفقدان السمعي والذكاء، خاصة وأن الإصابة بالإعاقة السمعية لا تتضمن بالضرورة التخلف العقلي، ولذلك قد نجد أن ثنائية فقدان السمع والغباء ما هي إلا منطق مبتور قائم علي التفكير الخاطيء بأن الإعاقة في الكلام يعني إعاقة في القدرات المعرفية، أو أن الأخطاء في كتابة الأطفال ذوي الإعاقة السمعية تنعكس علي ذكائهم تبعاً

لذلك، وهناك رأي آخر يري عدم وجود علاقة في القدرة علي التفكير المجرد في علاقة اللغة بالعمليات الفكرية بين الأطفال ذوى الإعاقة السمعية وعاديى السمع .

ب- التحصيل الدراسي :

يتأثر التحصيل الدراسي بعمر الطفل عند حدوث الإعاقة السمعية فكلما زاد السن الذي حدث فيه الصمم كانت التجارب السابقة في محيط اللغة ذات فائدة كبيرة في العملية التعليمية وقد بينت البحوث أن السن الحرجة والخطيرة عند الإصابة بالصمم هي ما يقع بين السنة الرابعة والسادسة وهي الفترة التي تنمو فيها اللغة وقواعدها الأساسية لهذا فكل من الأطفال المولودين بالصمم أو من فقدوا سمعهم فيما بين 4-6 غالباً ما يعانون تخلفاً في التحصيل الدراسي في المستقبل إذا تم مقارنته بمن أصيبوا بالصمم في سن متأخرة عن ذلك وبين أن الأصم يتأخر في النشاط العقلي بمقدار سنتين وخمس سنوات دراسية عن زميله العادي إلا أن هذا الفرق يتضاءل قليلاً بالنسبة لمن أصيبوا بالصمم بعد ست سنوات مما يتعذر معه أن يحصل ذى الإعاقة السمعية على نفس المقدار العلمي الذي يحصل عليه التلميذ العادي.

كما أشارت الدراسات التي أجريت عن التحصيل الدراسي أو النسبة التعليمية Education Quotient أن الأطفال ذوى الإعاقة السمعية كانوا متخلفين بمقدار يتراوح ما بين ثلاثة إلى خمسة أعوام، وأن هذا التخلف كان يزداد مع تقدم العمر الأمر الذي يشير إلى أن الأطفال ذوى الإعاقة السمعية الأكبر سنا كانوا أكثر تخلفا فى التحصيل الدراسي - من خلال قياس النسبة التعليمية لديهم -من أقرانهم الأقل سنا .

وقد تم إجراء دراسة مسحية في مدارس ذوى الإعاقة السمعية أوضحت أن العمر الزمني لهؤلاء الأطفال والذين هم في سن الثانية عشرة يساوى 71%، وأن من هم في سن الخامسة عشرة منهم وصلت النسبة التعليمية لديهم إلى 67%، وقد ظهر التخلف في الدراسة لديهم من خلال: فهم معاني الفقرات والكلمات والعمليات الحسابية والهجاء، ومن ناحية أخرى ربطت الدراسات بين التحصيل الدراسي وبعض المتغيرات كالذكاء، ودرجة

الإصابة بالإعاقة السمعية، وزمن الإصابة، وعدد السنوات التي قضاها التلميذ بمعاهد الأمل للصم وضعاف السمع .

وأفادت الدراسات أن الأطفال ذوى الإعاقة السمعية الذين يتلقون تعليمهم يوميا فى معاهد ذوى الإعاقة السمعية – من ذوى الإقامة الخارجية – كانوا أكثر تحصيلا من زملائهم من ذوى الإقامة الداخلية، وأيضا فى هذا المجال يتأثر بعمر الطفل عند حدوث الإعاقة السمعية فكلما زاد السن الذي حدث فيه الصمم كانت التجارب السابقة في محيط اللغة ذات فائدة كبيرة في العملية التعليمية وقد بينت الدراسات أن السن الحرجة والخطيرة عند الإصابة بالصمم هي ما يقع بين السنة الرابعة والسادسة وهي الفترة التي تنمو فيها اللغة وقواعدها الأساسية لهذا فكل من الأطفال المولودين بالصمم أو من فقدوا سمعهم فيما بين 4-6 أعوام غالباً يعانون تخلفاً في التحصيل الدراسي في المستقبل عند مقارنتهم بمن أصيبوا بالصمم في سن متأخرة عن ذلك.

وبينت دراسات أخرى أن ذوى الإعاقة السمعية يتأخر في النشاط العقلي بمقدار سنتين وخمس سنوات دراسية عن زميله العادي إلا أن هذا الفرق يتضاءل قليلاً بالنسبة لمن أصيبوا بالصمم بعد ست سنوات مما يتعذر معه أن يحصل ذي الإعاقة السمعية على نفس المقدار العلمي الذي يحصل عليه التلميذ العادي.

جـ- الذاكرة:

لقد أثبتت الدراسات أن هناك أثر للحرمان الحسي والسمعي على التذكر ففي بعض أبعاده يفوق ذوى الإعاقة السمعية عن زملائهم العاديين وفي بعضها الآخر يقلون عنهم فمثلاً تذكر الشكل أو التصميم وتذكر الحركة يتفوقون فيه ذوى الإعاقة السمعية زملائهم العاديين، كما أن ذوى الإعاقة السمعية يتفوقون علي عادي السمع في بعض جوانب التذكر، كتذكر الشكل.

د- التذكر :

أما بالنسبة للتذكر: فذوى الإعاقة السمعية يتفوقون علي عادي السمع في بعض جوانب التذكر، كتذكر الشكل، إلا أن تـذكر المتتاليات العددية تكون لصالح الأطفال عادي السمع، والذين يتفوقون علي ذوى الإعاقة السمعية في ذلك، وعلى الرغم من التطور التكنولوجي الهائل في تعليم ذوى الإعاقة السمعية وتنوعها إلا أن هؤلاء الأفراد يعانون من تخلف واضح في التحصيل التعليمي نتيجة عدم النمو اللغوي (1973: Hans ؛ عبد الحميد يوسف : 2002).

د- مفهوم الزمن لدى ذوى الإعاقة السمعية:

اخذ مفهوم الزمن لدى ذي الإعاقة السمعية اهتماما كبيرا نظرا للملحوظات المتكررة بوجود صعوبات في فهم والتعرف على الموضوعات التي تتعلق بالنشأة والتطور، ولذلك فقد استنبط البعض أن وجود قصورا في اللغة يؤدى إلى إحداث تأثير سلبي على مفهوم الزمن لدى ذوى الإعاقة السمعية.

هـ- اكتساب المفاهيم :

أشارت الدراسات إلى أن ذوى الإعاقة السمعية يكتسبون المفاهيم بنفس درجة التسلسل التي لدى العاديين إلا إن اكتساب ذوى الإعاقة السمعية للمفاهيم المختلفة يتم في أعمار زمنية اكبر من العاديين، كما إنهم يعانون من صعوبات فى اكتساب المفاهيم المتناقضة والمفاهيم المتشابهة ودمج بعض المفاهيم مع بعضها البعض(أحمد يونس ، مصري حنوره: 1991؛ محمد عبد المؤمن : 1986؛ فاطمة مشهور : 1994) .

ويشير رشاد عبد العزيز (1992) إلى أن تفوق الأطفال عادي السمع على ذوي الإعاقة السمعية في بعض القدرات المعرفية والابتكارية يرجع إلى أسباب عديدة منها:

- أن البيئة الأسرية التي ينتمي إليها الفرد ذو الإعاقة السمعية لا تنمي خياله الابتكاري نظرا لإعاقته.

- أن البيئة المدرسية الخاصة بالفرد ذي الإعاقة السمعية بيئة محبطة لا تشجعه ولا تقدم له المناخ المناسب الذي يعمل على التنشيط العقلي، والسبب في ذلك أن المناهج المقدمة لهم خالية من أية دعوة لتنمية الابتكار لديه.

المطالب التربوية للنمو العقلي :

1- ربط الكلمات التي يتعلمها ذى الإعاقة السمعية بمدلولاتها الحسية.

2- تحقيق مبدأ التكرار المستمر في تعليمه.

3- استخدام الوسائل التعليمية البصرية لأن ذوى الإعاقة السمعية يسمعون بعيونهم.

4- إتاحة الفرصة لذي الإعاقة السمعية لتحقيق النجاح والشعور بالثقة والأمان.

5- عدم مقارنة ذوي الإعاقة السمعية بغيره من التلاميذ ومتابعة تقدمه بمقارنة إنتاجه وتحصيله هولا بتحصيل غيره.

ومن ثم تتضارب الآراء حول مدى تأثير الإعاقة السمعية على النمو العقلي، فهناك من يرون أن للإعاقة السمعية تأثيراً سلبياً على النمو العقلي، بينما يقرر آخرون أنه ليس ثمة علاقة واضحة للإعاقة السمعية على النمو العقلي.

ولذا فقد توصل " بنتر Pinter " إلى أن مستوى القدرات العقلية لذي الإعاقة السمعية في الصغر تكون أقل منها لدى الطفل العادي، ويعلل ذلك بأن الأمراض المسببة لحدوث الإعاقة السمعية أثرت على المخ، وبالتالي سببت التخلف العقلي (فتحي عبد الرحيم، 1990).

ويرى شاكر قنديل (1995) أيضاً بأن القدرات العقلية لذى الإعاقة السمعية تتأثر سلباً نتيجة إصابته بالإعاقة، وذلك بسبب نقص المثيرات الحسية في البيئة، مما يترتب عليه قصور في مدركاته، ومحدودية في مجاله المعرفي، بل أحياناً تأخر في نموه العقلي مقارنة بأقرانه من العاديين.

ويختلف " روزنشتين " Rosenstein مع الرأي السابق من حيث أنه لا توجد اختلافات جوهرية بين الأطفال ضعاف السمع والعاديين في القدرات العقلية ، ويقرر بأن هؤلاء الأطفال قادرون علي الانخراط في السلوك المعرفي، ولكن ينبغي تعريضهم لخبرات لغوية أكثر (أحمد يونس ، مصري حنوره ، 1991).

ويتضح للباحث : أن فقدان السمع بما يمثله من تعطيل للجهاز السمعي ، يمثل تعطيلاً لجزء من الكل مما قد يؤثر بدورة علي القدرات العقلية لدي الطفل ذى الإعاقة السمعية بعملياتها المختلفة ، وقد يؤدي هذا إلي اضطراب تلك القدرات ، وأن يصبح نموها غير كامل وغير ناضج ، كمرجعية لقصور الإدراك اللحظي البيئي المكتسب من خلال التفاعلات اليومية والمواقف الحياتية المعاشة ، ولذلك قد يوصف ذوى الإعاقة السمعية بسمة المهارة في الحرفة والعقلية ذات الذكاء الحاد .

رابعا : علاقة الإعاقة السمعية بالنمو الانفعالي للطفل :

يعيش الطفل ذى الإعاقة السمعية في قلق واضطراب انفعالي بسبب وجوده في عالم صامت خال من الأصوات واللغة، كما أنه معزول عن الرابطة التي تربطه بالعالم الخارجي، وهو في ذلك محروم من معاني الأصوات التي ترمز للحنان والعطف والتقدير، مما يعمق مشاعر النقص والعجز لديه، ولذلك يؤكد " جريجوري "Gregory أنه يميل إلي العزلة والهروب من تحمل المسئولية(سيد مرسي: 1976؛ لطفي بركات : 1978) .

ومن ثم يتسم الطفل ذى الإعاقة السمعية بالاضطراب النفسي ـ والانفعالي كمرجع للأنطوائية .

ويشير " مورثان وريتشارد " Morethan & Richard (1980) إلي جانب أخر وهو عدم شعور الطفل ذى الإعاقة السمعية خلال مرحلة الطفولة بالحنان أو عطف الأمومة ، ومرجع ذلك إلي أنه لا يسمع صوت أمه بنغمات أثناء عنايتها به ، ولذلك فإن هؤلاء الأطفال يعانون من الإحباط بسبب فقدهم لوسيلة الاتصال المتمثلة في اللغة نتيجة عدم فهم الآخرين لهم .

كما أن إحجام الطفل ذى الإعاقـة السـمعية عـن التعبـير عـن مشـاعره بصـدق وأمانه في المواقف المختلفة ومـع الأشخاص المختلفـين مـن الأسـباب الرئيسـية لتعرضـه للقلق والصراع والأضطرابات النفسية ... كما أن قمـع التعبـير عـن المشـاعر يعمـل عـلي زيادة النزعات العصبية، ويؤدي به إلي الشـعور بـالنقص وخيبـة الأمـل وعـدم الشـعور بالأمن (كلثوم علي ، سامي سعيد : 1998) .

ولذلك فإن لديه عدم اتزان عاطفي بدرجة كبيرة إذا ما قـورن بعـاديى السـمع، كما أن ذى الإعاقة السمعية أكثر انطواء وعزلة وأقـل حبـاً للسـيطرة والإسراف في أحـلام اليقظة، ويتسم ببعض الصلابة والانقباض(عمرو رفعت : 1998) .

بالإضافة لذلك: يتسم ذوي الإعاقة السمعية في التشكك وأساس ذلك أنهم يرون الآخرين متخاطبين يتكلمون بمـا لا يسـمع ذوى الإعاقـة السـمعية فيظنـون أن في الأمـر سوءاً يبيت لهم وقد تبدو منهم استجابات عدوانية وفقاً لما يقدرونه من تشكك فيهـا (زينب عبد الرحمن : 1998).

ولذا يميلون للأشباع المباشر لحاجاتهم بمعني أن مطالبهم يجب أن تلبي بسرعـة أي سريعة الإشباع، وقـد أوضحـت بعـض الدراسـات أن ضـعاف السـمع أقـل توازنـاً في انفعالاتهم، وأكثر انطواء عن سواهم من العاديين (محمد عبد المؤمن: 1986).

ولقد قام كليمك Klimke بتحديد أهم السمات التي تنتج عن الإصابة بالإعاقة في الآتي :

- الشعور الزائد بالنقص: وهو شعور برفض الذات ومن ثم كراهيتها لتتولد عند المعوق الشعور بالدونية، مما يعوق تكيفه الاجتماعي السليم.
- الشعور الزائد بالعجز: وهو الاستسلام للإعاقـة، وقبولهـا لتتولـد لـدى الفـرد إحسـاس بالضعف ، والاستسلام له مع سلوك سلبي اعتمادي.

-عدم الشعور بالأمن: وهو إحسـاس بـالقلق والخوف مـن المجهـول وقد يكون لهـذا الشعور أعراض ظاهرة كالتوتر والأزمات الحركية والتقلب الانفعالي. أو غير ظـاهرة كالاضطرابات الجسمية السيكوسوماتية.

- عدم الاتزان الانفعالي : ويشير لعدم تناسب الانفعـال مـع الموقف وقد يتطور هـذا الشعور إلى توالد مخاوف وهمية تؤدى إلى أحد نماذج العصاب أو الذهان.

- سيادة مظاهر السلوك الـدفاعي : كالإنكـار والتعـويض والإسقاط والتبرير والسـمة الدفاعية للمعوق تكون بمثابة حماية لذاته المهـددة دائمـاً مـن الآخـرين(محمـد فهمي،السيد رمضان:1984) .

ومن ثم يتسم ذوى الإعاقة السمعية في هذا المجال بكونهم:

- يتجاهلوا مشاعر الآخرين في معظم الأحيان.

- المبالغة والتشوش في مفهوم الذات لديهم.

- الرغبة في الإشباع المباشر لحاجاتهم.

- يتسمون في الغالب بالاندفاعية والحركة الزائدة وعدم القدرة على ضبط النفس.

- يعانون من عدم الاستقرار الانفعالي.

- تسيطر عليهم مشاعر الاكتئاب والقلق بدرجة مرتفعة.

- يتسمون بدرجة مرتفعة من السلبية والجمود وتقلب المزاج.

ويتضح للباحث: أن الفقدان السمعي للأطفال ذوي الإعاقة السـمعية قـد لا يـؤدي إلي عدم التوافق وعدم التكيـف انفعاليـاً مـع ذواتهم فتفسـيراتهم لنظرات الآخرين مـن العاديين تحمل أبعاداً غير مألوفة، فهي إما عالية جداً أي مبالغ فيهـا مـن الايجابيـة أو منخفضة جداً نتيجة للانطـواء والأكتئاب المتولد مـن عـدم نجاحهم في فهم الآخرين بسهولة، وبالتالي يتقهقر نموهم الانفعالي عن المعتاد وبحيث إنه في مرحلتهم العمريـة تلك لا يناسب سمات الشخصية التي

لدي أقرانهم عادي السمع، من حيث توقف هذا النمو الانفعالي عند مرحلة معينة ، أي تثبيته وذلك تبعاً لنظرية التحليل النفسي ، ومن ثم يتقوقع الطفل حول ذاته وتزداد مساحة الاكتئاب والعزلة لديه .

خامسا : علاقة الإعاقة السمعية بالنمو الاجتماعي للطفل :

يميل الطفل ذى الإعاقة السمعية إلي الانسحاب من المجتمع لذلك فهو غير ناضج اجتماعياً بدرجة كافية ، وذلك بسبب عاهته الحسية ، بالإضافة لوجود مشكلات سلوكية لدية كالعدوان والسرقة والرغبة في التنكيل والكيد للآخرين ... كما أن التكيف الاجتماعي لدية غير واضح المعالم (محمد عبد المؤمن : 1986) .

ومن ثم فإن الطفل ذي الإعاقة السمعية يميل إلي البعد عن الأشخاص عاديي السمع نتيجة لفقده الحس الاجتماعي الذي يقربه لهم ، إلا أن ذوي الإعاقة السمعية دون غيرهم من فئات الإعاقة يتميزون بالاختلاط اجتماعياً بأقرانهم الصم ، لأنهم يعتبرون أنفسهم جماعه فرعية من المجتمع ، مما يجعلهم جماعة متماسكة (فاروق عبد السلام : 1982) .

بينما نجد تفوق الأطفال عاديي السمع علي الأطفال ذوى الإعاقة السمعة من حيث مظاهر التكيف في مجالات الإحساس بالنقص، وسوء التكيف الاجتماعي والأسري وأحلام اليقظة حيث أتضح أن الصم يعانون كثيراً من الشعور بالنقص والدونية وسوء التوافق في محيط الأسرة والمدرسة والبيئة المحلية (لطفي بركات: 1978).

إذ يبين " بيترسون peterson " أن الطفل ذي الإعاقة السمعية في المدارس المشتركة لذوى الإعاقة السمعية وعاديى السمع معاً يميل إلي أن يلعب مع زميله عاديي السمع(عمرو رفعت: 1998) .

ويشير " هالموس " Halmos إلي أن انطلاق الأصم لإشباع رغباته وحاجاتـه دون الالتـزام بالمعـايير الاجتماعيـة يـؤدي إلي عـدم الرضـا الاجتماعـي عنـه وهـو مـا يصـيبه بالإحباط والتوتر (مراد حكيم، عمرو رفعت: 1998).

بينما يقرر جميل توفيق (1990) أن ذوى الإعاقة السمعية يستحيل عليهم فهم لغة الدعابة أو النكتة ، وأنهم لكي يفهموا مضـمون ومغـزي الظـواهر الطبيعيـة والقـيم والعادات والتقاليد لابد لهم من إدراك ذهني كاف .

وتري " ويناند " Wynand (1994) أن الأطفال ذوي الإعاقة السمعية يعانون من الوحدة Loneliness وتنتابهم لذلك مشاعر العزلـة التـي يعيشـون فيهـا، وبالتـالي تحد الإعاقة السمعية لديهم من الوظائف الاجتماعية.

كما أن التعبير عن النفس والتلقي عـن الآخـرين، بـل إن اسـتمرار هـذا التلقـي لدي ذوي الإعاقة السمعية لا يتم إلا من خلال عملية التغذية الرجعية، وعملية الاتصال هذه هي محور عملية التفاعل الاجتماعي (إيهاب الببلاوي : 1995) .

ويــذهب يوســف القريــوتى وأخــرون (1995) إلى أن ذوى الإعاقــة الســمعية يحاولون تجنب مواقف التفاعل الاجتماعي ويميلون إلى العزلة نتيجة لإحساسـهم بعـدم المشاركة أو الانتماء إلى الأطفال الآخرين.

المطالب التربوية للنمو الاجتماعي:

1- يحتـاج ذى الإعاقـة السـمعية للشـعور بالتقبـل ممـن حولـه في الأسرة والمدرسـة والمجتمع لما للتقبل الاجتماعي من دور كبير في تحقيق نمو التوازن الانفعالي .

2- عدم التدخل المتعسف في اختيار المجال المهني الذي سيعده للمهنـة التـي سيكسـب بها عيشه

3- تعويده على تحمل المسئولية وإتاحة الفرصة لممارستها حتى يتعلم كيف يخدم نفسه ويخدم البيئة المحيطة به.

4- تشجيعه على تكوين علاقات جديدة مع جماعة الرفقاء.

5- تعويده عن الاستقلال العاطفي عن الوالدين والكبار.

6- تكوين قيم سلوكية تتفق والفكرة العملية الصحيحة عن العالم المتطور الذي يعيش الفرد في إطاره.

وتتفاقم حدة المشكلات وتزداد تعقيداً إذا لم يلتحق الطفل ذى الإعاقة السمعية بالمدرسة أو بأي مؤسسة رعاية ليتلقى الخدمات والبرامج التي تسعى إلى تنمية مهاراته الاجتماعية وتعمل على تعديل صورته عن ذاته وتشجيعه على إقامة علاقات اجتماعية مع الآخرين بنجاح .

ولذا يتسم ذوي الإعاقة السمعية في المجال الاجتماعي بكونهم:

- يعانون من قصور بدرجة كبيرة في المهارات الاجتماعية.

- اقل توافقا اجتماعيا من العاديين.

- اقل إلماما ومعرفة بقواعد السلوك المناسب.

- أكثر ميلا للعزلة مقارنة بالعاديين.

- يتفوقون عند تفاعلهم مع أقرانهم ذوى الإعاقة السمعية مقارنة بتفاعلهم مع العاديين أو حتى بتفاعل العاديين مع بعضهم البعض.

- اقل تحملا للمسئولية.

- يعتمدون على الآخرين مع عدم النضج الاجتماعي.

- يلجئون إلى التلامس الجسدي للفت الانتباه إليهم.

- في معظم الأحيان يسيئون فهم العاديين.

- ينتشر لديهم السلوك العدواني والسلوك الانسحابي.

ويرى الباحث: أن اتسام الطفل ذى الإعاقة السمعية بالانعزالية، قد يكون مرجعه لفشله في تكوين علاقات اجتماعية أكثر منه إلى وجود خلل عصبي، فكل ما يرغب فيه هو أن يخرج مشاعره الداخلية إلى حيز التفاعل الخارجي في محيط الآخرين فالصلابة والجمود الاتصالي بالغير مرتفع الدرجة لديه، مما يشكل نافذة لدخول الاكتئاب والانطواء والعزلة وحجب الخبرات المكتسبة من الآخرين، ولذا فإن لديه قصور اجتماعي نتيجة عدم المشاركة مع الآخرين بفاعلية.

الفصل الثامن
التوافق النفسي
لدى ذوى الإعاقة السمعية

التوافق النفسي
لدى ذوى الإعاقة السمعية

مقدمة :

إن سلوك الفرد أثناء تفاعله ما يحيط بـه مـن أشخاص وكائنات لا يخرج عن كونه نوعا من التكيف كما يسميه علماء الحياة ،نخبره يفصح عن سلوك هـو مـن أنـواع التوافق للبيئة وهو ما نسميه التوافق النفسي ، وكلما انسجم الفرد مـع المجتمـع كـان المردود مزيدا من رضي المجتمع عنه وكذلك تلبية حاجاته ورغباته بصورة يـرضي عنهـا المجتمع والعكس صحيح ، كما أن الطفل ذي الإعاقة السمعية في محاولته للتوافق مـع العالم الذي يعيش فيه قد يتخذ توافقه إحدى الصور الآتية: الأولى: أمـا يقبل أن يعيش كفرد ذي إعاقة : والثانيـة : أن ينعزل عـن أفـراد المجتمـع متجنبا أي تفاعل شخصي- واجتماعي مع الآخرين : وفي الحالتين فأنة منوط بمواجهـة المجتمـع وهـو محروم مـن بعض الوسائل التي تساعده في التواصل مع الآخرين ولذا يعيش عـلي هـامش الجماعـة ومن ثم تواجهه مواقف تشعره بعدم الأمـن أثنـاء اختلاطه مع الغير وتنتابه الحيـرة الدائمة مما يسبب مشكلة كبري تعوق توافقه الاجتماعي ،أما إذا اختار الأسلوب الثـاني المتمثل في العزلة فسوف يحكم علي نفسه بالحياة في الفراغ الصامت طوال حياته (عبـد العزيز القوصي: 1981؛ إبراهيم مطاوع:1983؛ مصطفي فهمي:1965) .

مفهوم التوافق النفسي:

يقصد بالتوافق النفسي ذلك النشاط الذي يقوم به الفـرد بتـأثير واقـع مـا وعقبـة تحول دون الإرضاء المباشر لهذا الدافع ثم يخوض محاولات لإيجاد حلا بعد آخر حتـى الوصول في نهاية الأمر لحل ما قد يكون سليما مباشرا أو يكون حلا جزئيا لا يرضي الفرد تماما (احمد راجح:1975).

ويراد بـالتوافق النفسي- في قـاموس " انجلـش وانجلـش "(1958) English & English ما يلي :

1- توازن ثابت بين الكائنات والأشياء المحيطة بالفرد أو من حوله .

2- حالة من العلاقات المتجانسة مع البيئة التـي لا يسـتطيع الفـرد فيهـا الحصـول عـلي الإشباع لمعظم حاجاته الجسمية والاجتماعية .

3-إحداث التغير المطلوب في الشخص ذاته أو في بيئته للحصول علي التوافق النفسي.

ويطلق عليه الأسلوب الذي بواسطته يصبح الشخص أكثر كفاءة في علاقته مع البيئة ، ولذا فان هناك تفاعل بين سلوك الفـرد والظـروف البيئيـة بمـا في ذلـك الظـروف التـي تنبعث من داخـل الفـرد (عبـد المنعم الميلجـي و آخـرون:1971، ؛ جـابر عبـد الحميـد 1973:) .

ويوصف كذلك بقدرة الفرد علي إشباع حاجاته ومقابلة معظم متطلباتـه النفسـية والاجتماعية من خلال علاقة منسجمة مع البيئة التي يعـيش فيهـا(Wolman :1973). وعملية إشباع حاجات الفرد تلك هي التي تثير دوافعه بما يحقـق الرضـا عـن الـنفس والارتياح لكي يتم تخفيض التوتر الناشئ عن الشعور بالحاجة لدية ومن ثـم يتحقـق لـه التوافق النفسي(كمال دسوقي:1976) .

وفي هذا الإطار فان التوافق النفسي يوسم بكونه عملية ديناميـة مسـتمرة تتنـاول السلوك والبيئة الطبيعية والاجتماعية بالتغيير والتعديل حتى يحـدث تـوازن بـين الفـرد وبيئته (حامد زهران :1978) . ويعرف في معجم علم النفس بأنه :العلاقـة الحادثـة بـين الفرد ومحيطة بهدف إرضاء دوافعه وحوافزه (فاخر عاقـل:1979) . ويشـار إليـه بكونـه تلك العملية التي يتيح للفرد تحقيق إمكانياته وخفض توتراته لاستعادة توازنه الـداخلي لكي يتلاءم مع البيئة (صلاح مخيمر:1982) .

وتتفق انتصار يونس (1985) مع التعريف السابق إذ تصفه بالعملية أو السلوك الذي يحاول به الفرد التغلب علي الصعوبات والعوائق التي تقف حيال تحقيق دوافع أو حاجة ويعتمد التوافق علي طريقة ودرجة إشباعي الدوافع. ومن ثم فانه تنوع لفاعليات الكائن بهدف التغلب علي عقبه أو إشباع حاجه بالإضافة لأقامته علاقة انسجام مع البيئة المادية والاجتماعية (كمال دسوقي :1988). ويلقب بالعملية التي تقوم على محور العلاقة بين الذات والموضوع بهدف خفض التوترات وتحقيق الوجود أي العودة إلى حالة الاتزان (سعد المغربي :1992). ويعرف في موسوعة علم النفس والتحليل النفسي بأنه : كل سلوك أو نشاط يقوم به الإنسان خاصة والكائن الحي عامة وهو نشاط يهدف منه لتحقيق نجاحا في مواقف حياته المختلفة ومن ثم فأنه يتضمن إشباعا لحاجات الفرد ودوافعه بصورة لا تتعارض مع معايير المجتمع وقيمه (فرج عبد القادر وآخرون:1993).

ويلقب بأنه مجموعة من الاستجابات الخاصة بالتوافق الشخصي- مضافا إليها مجموعة الاستجابات السلوكية للتوافق الاجتماعي (اشرف عبد الحميد: 1995). ومن ثم ويتسم بأنة عمل إيجابي مستمر يحاول الفرد من خلاله التعديل في نفسه أو في الظروف المحيطة به بهدف تحقيق الإشباع لحاجاته وخفض توتراته والتوازن والانسجام مع بيئته (حمدي عرقوب :1996).

ويوصف بكونه عملية ديناميه مستمرة تتناول السلوك والبيئة (الطبيعية والاجتماعية) بالتغيير والتعديل حتى يحدث التوازن بين الفرد وبيئته إذ أن هذا التوازن يتضمن تحقيق إشباع لحاجات الفرد وتحقيق متطلبات البيئة (حامد زهران :1997) .

ويعرف " كارل روجرز" Carl Rogers التوافق النفسي بأنه قدرة الشخص علي تقبل الأمور التي يدركها بما في ذلك ذاته ثم العمل من بعد ذلك علي تبينها في تنظيم شخصيته (رمضان القذافي:1998). ويراد بالتوافق النفسي- تلك العملية الديناميكية المستمرة بين الفرد وبيئته الاجتماعية والمهنية بهدف تحقيق رضا الفرد عن نفسه والمحيطين به وشعوره بالرضا الشخصي والاجتماعي والمهني من خلال تفاعله مع بيئته والوصول إلى توازن

يتضمن إشباع معظم حاجاته الداخلية ،ومواجهة متطلبات البيئة بالتعديل أوالتغيير (عاطف الأقرع:1999).

ويعرف الباحث : التوافق النفسي بكونه : عملية إيجابية هادفة ومستمرة يحاول الفرد من خلالها التعبير عن ذاته أو عن الظروف المحيطة به لكي يتواءم مع بيئته وذلك بإشباع حاجاته وخفض توتراته وصراعاته .

تصنيف التوافق النفسي:

تتباين تصنيفات التوافق النفسي إلى ثلاث اتجاهات هي :-

أولا:الاتجاه الفردي: والذي يركز علي تحقيق التوافق من خلال إشباع دوافع الفرد.

إذ يشير "كندلر" Kendler . H (1977) إلى أن التوافق يشير لقدرة الفرد علي إشباع دوافعه ومواجهة متطلبات البيئة .

ويصف كل من " سارازون وسارازون "(1980) Sarason I. & Sarason B التوافق بأنه قدرة الفرد علي تحقيق الانسجام بين بيئته والتغيرات الحادثة فيها .

ويشير لندال دافيدوف (1981)(Davidoff)إلى كون أن التوافق يتضمن محاولة الفرد لمواجهة متطلبات البيئة .

ويري "ربر"(1985) . Reber A أن التوافق يشير لقدرة الفرد علي تنمية مهارته واستغلال إمكاناته وذلك كاستجابة للبيئة التي يعيش فيها بهدف أحداث التوازن الكامل بين قدراته وبيئته لإشباع حاجاته .

ويشير فرج طه (1988)إلى كون التوافق يعمل علي خفض التوتر الذي يستشار من قبل الحاجات وذلك بصورة مرضيه .

ويطلق عليه كمال دسوقي (1988) الحالة الانسجامية مع البيئة بحيث يكـون الفرد خلالها قادرا علي إشباع معظم حاجاته .

ويصفه "سـوزرلاند" (1991) . Sutherland S بأنـه تشـكيلة تعـديلات سـلوكية وعمليات فكرية بحيث يتيح ذلـك للكـائن الحـي فرصـة التكيـف في تغيـيرات البيئـة في حدود قدراته وإمكاناته الذاتية .

ويلقبه عبد القادر طه (1993)بالنشاط الذي يقوم به الإنسان خاصة والكائن الحي عامة والذي يهدف إلى الحصول علي التوافق والراحة النفسية.

ثانيا: الاتجاه الاجتماعي :

والذي يركز علي تحقيق التوافق من خلال المعايير والبيئة الاجتماعية السائدة ، إذ يري عثمان لبيب فراج(1970)أن التوافق يعد عملية تغيير سلوكية للفـرد لـكي يـتمكن من خلالها تحقيق المواءمة بينه وبين نفسه وبينه وبين البيئة المحيطة بـه بما يحقـق لـه الإشباع الذي يسعى إليه .

ويصف "جاريسون"(1972) Garrison K.C التوافق بأنه دال علي استجابة الفرد لظروف البيئة وتغيراتها.

كما يعرفه "ستات" (1981) Statt,D بأنه قدرة الفـرد عـلي مواجهـة متطلبـات البيئة وأحداثها المتلاحقة.

ويشـير كـلا مـن كـابلن وشـتين (1984) Kaplan P. & Stein J إلى أن التوافـق يشار به لقدرة الفرد علي مواجهة إحداثيات البيئة ومتطلباتها .

ويصفه مجمع اللغة العربية (1984)بأنه مدي تلاؤم الكائن الحي مع بيئتـه وذلـك من خلال تغيـير سـلوكه أو تغيـير بيئتـه أو تغيـير كلاهـما معـا. وتصـفه انتصـار يـونس (1986) بذلك التفاعل الدينامي المستمر بين كلا من الفـرد والبيئـة المحيطـة بـه بحيـث يهدف ذلك لنمو الفرد بالتدريج .

ويفند عادل الاشول (1975) ذلك التوافق بكونه انسجام الفرد مع الظروف والأحوال المتغيرة .

ثالثا : الاتجاه التكاملي:

والذي يركز علي كون التوافق يتحقق من خلال التكامل والتطابق بين الفرد والبيئة" الطبيعية والاجتماعية " التي يعيش فيها. و يصفه"أيزنك" (1972) Eysenck H. J بأنه حالة تعاونية بين حاجات الفرد من ناحية ومتطلبات البيئة من ناحية أخرى بهدف إشباع تلك الحاجات وتحقيق الأهداف لدي الفرد.

ويلقبه "حسام الدين عزب (1984)بعملية فض الصراعات وتحقيق الأهداف والدوافع لدي الفرد وبيئته واستعاد الاتزان المفقود بينهما.

ويري حامد زهران (1978) أنه عملية التعديل والتغيير المستمرة من قبل الفرد لتفاوت السلوك والبيئة لأحداث التوازن بين الفرد وبيئته.

ويرمز له صلاح مخيمر (1979) بالرضا بالواقع والذي يتطلب السعي الدائم وتخطي الواقع وبذلك يمكن خفض التوتر وبالتالي خفض غرائز الموت ودعم غرائز الحياة . ويركز " كوان " (1983) .Coan , R علي كونه قدرة الفرد علي إشباع احتياجاته والذى يتم تبعا لمتطلبات بيئته الاجتماعية والمادية وتحقيق للسعادة والرضا عن ذاته .

ويصفه موريس (1982) .Morris ,C بالعملية التوازنية بين حاجات ودوافع ورغبات الفرد ومتطلبات البيئة التي يعيش فيها .

ويلقبه احمد راجح (1958) بحاله التواؤم والانسجام التي يحققها الفرد بينه وبين نفسه وبينه وبين بيئته والتي يطلق عليه بأنه ذو صحة نفسية جيدة وفشله في تحقيق ذلك التوائم والانسجام يدل على كونه معتل الصحة النفسية.

سمات التوافق النفسى :

1-التوافق عملية أستاتيكة دينامية :

ويتضح ذلك من خلال التالي :-

أ-عملية أستاتيكية : أي ذات شق ماضي ومن ثم يوضح ذلك التوافق الحالة التي وصل إليها الفرد ونشأت من خلالها علاقة مناسبة بينه وبين بيئته ، إذ أن عملية التوافق قد حدثت بالفعل.

ب-عملية دينامية : أي ذات شق مستقبلي حيث ينظر للتوافق علي انه تعديل للسلوك بهدف الوصول إلى علاقة مناسبة بين الفرد والبيئة المحيطة به.

2- التوافق عملية وظيفية :

ويهدف التوافق إلى تحقيق وظيفة هي : تحقيق الوصول إلى الاتزان مع البيئة وكذلك خفض التوتر في إعلاء قيمة الذات ومفهومها لدي الفرد .

3-التوافق عملية كلية :

إذ أن وحدة التوافق الكلية تنطوي علي الوظيفية والديناميكية معا فمن خلال الدلالة الوظيفية للتوافق يشار لعلاقة الإنسان من حيث كونه كائنا عيانياً وكذلك مع كليته مع بيئته.

4- التوافق عملية ديناميكية :

و يشير ذلك إلى كون التوافق لا يتم مرة واحدة و إنما هي سلسلة متتابعة من الحاجات ومحاولة إشباعها من الدوافع وكذلك محاولة خفض توتراتها ، ولذا تتسم ديناميكيتها بالمحصلة لكل الصراعات للقوي المسيطرة علي الفرد والتي بعضها ذاتي فطري أو مكتسب والآخر بيئي فيزيائي وثقافي واجتماعي.

5-التوافق عملية تستند إلى الزاوية النشوئية :

ومن خلال ذلك التوافق يمكن من الرجوع إلى مرحلة ما بعينها من مراحل النشأة إذ أن التوافق بعيد الاتزان مع البيئة وذلك علي مستوي مرحلة الرشد مثلا لذلك فان السلوك التوافقي في مرحلة ما يكون هو نفسه ذات السلوك المرضي عند ظهوره في مرحلة الرشد .

6-التوافق عملية تستند إلى الزاوية الطوبوغرافية :

ويمثل التوافق المحصلة الناتجة عن صراع جميع القوي في الشخصية سواء كانت ذاتية أم بيئية ولذا ينحصر ذلك الصراع في نهاية الأمر بين الأنا والهي (صلاح مخيمر 1979:).

التوافق النفسي والتكيف والملائمة والمسايرة :

يرتبط التوافق بالتصور النظري للطبيعة الإنسانية وقديما استمد التوافق أساسا من علم الحياة " البيولوجيا" إذ يشير ذلك لمحاولة الكائن الحي للموائمة بين نفسه والعالم الطبيعي الذي يعيش فيه من اجل البقاء ولذا تم توصيف ذلك علي سلوك الإنسان كاستجابة لمطالبة الضغوط البيئية التي يعيش فيها ، ومن ثم نجد في اللغة العربية الفروق بين الكلمات التالية :

1-التوافق Adjustment :

وهذا المصطلح يشمل جوانب كثيرة منها النفسي- الذي يشمل للشخصي- والاجتماعي والدراسي ويقصد التوافق علي النواحي النفسية والاجتماعية مثل عملية تغيير الفرد لسلوكه لكي يتسق مع غيره من خلال تغيير عاداته وتقاليده وخضوعه للالتزامات الاجتماعية .

2-التكيف Adaptation :

ويفضل أن يقتصر استخدام ذلك المصطلح علي المجال البيولوجي كما اقره " داروين " بمعني قدرة الكائن الحي (إنسان ، حيوان ،نبات ....) علي أن يغير من

نفسه أو يغير مـن بيئتـه مـن اجـل البقـاء إذ أن فشـله في تحقيـق ذلـك يـؤدي إلى الانقراض ،ويختص التكيف بالنواحي الفسيولوجية مثل تغيير حدقة العين من خلال اتساعها في الظلام وضيقها في الضوء الشديد .

3-المسايرةConformity :

ويندرج هذا المصطلح تحت البند الاجتماعي بمعني الامتثال للمعايير والتوقعات الشائعة في الجماعة .

4-الموائمة Accommodation :

ويراد به ذلك المصطلح الاجتماعي نظرا لكونه عملية اجتماعية تهدف للتقليل من الصراعات بين الجماعات (سيد مرسي :1985، طلعت منصور : 1982، فؤاد البهي :1981). ويستنبط الباحث من مفاهيم التوافق النفسي ما يلي:

- أن التوافق النفسي يمثل أحد مظاهر الصحة النفسية السوية ومن ثم فانه ينقسم لشقين أساسيين هما : الفرد والبيئة المحيطة به.
- يتسم التوافق النفسي بالمرونة والاستمرارية والإيجابية وقابلية التعديل والتغيير مع متطلبات البيئة والواقع المحيط والظروف الخارجية .
- وينحو التوافق النفسي- إلى التكامل والموائمة بين الجنبات المكونة لشخصية الفرد وبيئته الخارجية .
- وينبئ التوافق النفسي بالخلو النسبي من الاضطرابات النفسية والعصابية والسلوكية ، وكذلك ينبئ بالتفاعل الإيجابي بين الفرد وبيئته .
- ويهدف التوافق لإحداث توازن بين ما يريده الفرد وبيئته للوصول إلى علاقة تفاعلية إيجابية بينهما.

العقبات التي تؤدي لسوء التوافق النفسي :

وتتمثل تلك العقبات فيما يلي:

أولا: عقبات خاصة بنقص القدرة أو الاستعداد لدي الفرد

1-أن تكون قدرة الفرد غير كافية لاداء النشاطات بكفاءة كما يتوقع الفرد لنفسه أو كما يتوقع منه الآخرون.

2-ضعف الصحة العامة وقصور أجهزة الحس كالإصابة بالصمم مثلا أو بالعمى اللوني أو الأمراض المزمنة كالربو أو الصرع .

3-نقص الجاذبية في المظهر الشخصي سواء كان ذلك حقيقيا أو توهما.

4- نقص القدرات العقلية كانخفاض الذكاء أو النقص في القدرات الخاصة كالقدرة الحسابية أو اللفظية أو عدم أداء الأعمال المدرسية بكفاءة .

5-نقص القدرة علي الاحتفاظ بالانا في مواجهة اعتداءات الآخرين مع تهديده وسخرية الأخرين منه وتوبيخه بألفاظ نابية.

6- مبالغة الوالدين في تقييم قدرات الطفل اعلي من مستواه الفعلي.

7-انحطاط مستوي المهارات الاجتماعية كالعادات السيئة والصراعات الانفعالية ومشاعر فقد الأمن.

8-إحساس الفرد بكونه اقل مستوي من الآخرين ووجوده وسط رفاق يمدونه بأمثلة ضحلة وفقيرة من النشاط.

ثانيا : عقبات بيئية ناشئة عن تغيير في النشاطات:

1-عقبات ناشئة عن اضطرار الفرد تغيير نشاطاته فجأة كأن يولد طفل جديد في الأسرة أو وفاة شخص محبوب أو خيبة اقل من الحب أو فقد العمل

2- عقبات ناشئة عن نقص التدريب أو الأعداد حيث يؤدي ذلك لمواجهة الفرد لمشكلات كالارتباط بأطفال آخرين يرفضهم الأهل أو صرامة وقسوة الوالدين أو الإسراف في اللين .

3- عقبات ناشئة عن استمرار نشاطات ينبغي أن يعقبها نشاطات أخرى كالبقاء في العمل مدة طويلة دون ارتياح أو التشتت نتيجة لأفعال باطلة .

4- تكرار الإعاقة لنشاطات نامية ومتطورة كتكرار تغيير المدرس للطفل أو التغيير المتكرر لمحل الإقامة (حمدي عرقوب :1996؛ حامد زهران وآخرون :1987؛ سعد المغربي: .(1992).

بعض الاتجاهات النظريات المفسرة للتوافق النفسي:

تتباين الاتجاهات والنظريات النفسية المفسرة للتوافق فيما يلي :

نظرية التحليل النفسي :

إذ تتمحور تلك النظرية حول كون أن عملية التوافق وخاصة الاجتماعي تتم خلال مجموعة من العمليات النفسية أولها : تكوين الأنا الأعلى وثانيها : التوحد واللتان تحدثان في بداية العمر وتكونان البوابة الرئيسية لاكتساب القيم الثقافية ومن ثم يصب السلوك تبعا لذلك في القوالب الاجتماعية ويعدل الفرد من سلوكه حتى يتمكن من الموائمة مع اتجاهات الكبار ولذا يضطر أن يكيف حياته تبعا للأوضاع المحيطة ، وعندما يتوحد الطفل مع والده من نفس جنسه ينفتح أمامه الطريق لاستيعاب كل النواحي الثقافية والاجتماعية، وتصبح الاعتبارات الاجتماعية ضمن محددات السلوك عند الطفل في مرحلة الطفولة المتأخرة إلى سن المراهقة (عاطف الأقرع :1999؛ علاء الدين كفافي : .(1990).

ويشير الباحث إلى : بروز الضمير والتوحد مع الأب أو الأم من نفس الجنس في تلك المرحلة النمائية والتي قد يتسم الطفل بالتوافق إذا كانت الانا قوية وقادرة على كبح جماح الهى والانا الأعلى ومن ثم يحدث توحد إيجابي مع نفس الصنف الوالدى ، وقد يوسم ذلك الطفل بعدم التوافق كمرجع لاضطراب العلاقة بين الانا من ناحية والهى والانا الأعلى من ناحية أخرى .

2-الاتجاه الإنساني والتوافق :

إذ يؤكد " روجرز Rogers " علي خصوصية الفرد حيث أن التوافق يصل إلية الفرد باتساق سلوكه مع مفهومه عن نفسه ؛إذ أن السلوك قد يصدر عن خبرات وحاجات عضوية للفرد ويحددان سلوكه .

ويشير الباحث : إلى كون أن الاتجاه الإنساني ينبع من كون الفرد بوتقة تحمل خبرات حياتيه وحاجات عضوية تتحكمان في كيفيه إتيانه للسلوك وكيفيه توجيهه لذلك السلوك .

3-النظرية السلوكية :

يستند السلوكيين إلى نظرية التعلم والتي تتمحور حول كون أن الفرد ليس في حاجة إلى أن يتعلم فقط إنما يدفعه حب الاستطلاع إلى محاولة أن يتعلم كيف يتعلم، فالطفل إنما يتعلم تبعا لقوانين التعلم والقواعد السلوكية المقبولة اجتماعيا من قبل الوالدين ، فما يعاقب عليه بتلاشي وينطفئ ،وما يدعم عليه ويثاب ويعزز ويمكث لديه (أنور الشرقاوي : 1985 ؛ عزيز رضا داود :1978) .

ويشير الباحث : إلى كون الفرد يتعلم من خلال حدوث مثيرات ما تتطلب منه إصدار استجابات أما أن يثاب ويدعم على تلك الاستجابات فتصبح مقبولة من المحيط الاجتماعي أو أن يعاقب على تلك الاستجابات فتتلاشى وتختفي .

العوامل المؤثرة في التوافق النفسي :

تتمحور تلك العوامل فيما يلي :

أولا :عوامل خاصة بالفرد ذاته :

إذ أن الفرد يعمل دائما علي تحقيق التوافق النفسي وهو في طريقة لتحقيق ذلك يلجأ إلى أساليب مباشرة وغير مباشرة وتنقسم العوامل المتعلقة بالفرد ذاته إلى :

1- **مطالب النمو** :إذ أن النمو النفسي ـ السوي في كافة مراحله ومظاهره جسميا أو عقليا، اجتماعيا وانفعاليا .

2- **دوافع السلوك** : إذ أن تحقق إشباع الحاجات والدوافع يؤدي للإتيان بالسلوك السوي ويعد ذلك من أهم العوامل المباشرة لإحداث التوافق النفسي ولذا يجب علي الفرد أن يتفهم دوافع سلوكه السوي وغير السوي .

3- **حيل الدفاع النفسي** :إذ تعد الحيل الدفاعية أساليب غير مباشرة لمحاولة إحداث التوافق النفسي وهي أساليب لا شعورية يتجه إليها الفرد لاستخدامها كأسلحة دفاع لذاته ضد الصراعات والتوتر والقلق والإحباط الذي تعتريه وذلك في محاولة منه لتحقيق الراحة النفسية (حامد زهران 1978:)0

ثانيا : عوامل تتعلق بالبيئة :

نظرا لكون الفرد لا يستطيع العيش منعزلا عن المجتمع الذي يعيش فيه فهناك إذا علاقة متبادلة بين الطرفين الفرد والبيئة التي يتفاعل معها ولكن تأثير المجتمع يكون اكبر من تأثير الفرد إذ أن المجتمع هو المنوط بصنع وتشكيل شخصية الفرد من خلال مؤسساته التربوية والثقافية وأبعاد الطبيعية والاجتماعية والثقافية ومن ثم تحقق له التوافق النفسي من شتي الجوانب (مصطفي فهمي 1978:).

ثالثا : الحاجات الاجتماعية : مثل الأسرة:

كما نجد أن التوافق يتأثر بالبيئة المحيطة بالفرد ويتمثل ذلك في التالي :

1- **التقاليد والعادات** : مثل العادات والتقاليد السائدة تبعا لكل مرحلة نمو .

2- **التطور الاجتماعي للبيئة** : مثل نمو المظاهر الاجتماعية السائدة وتغييرها لتساير الأحداث (فؤاد البهي: 1975).

العوامل الكامنة وراء الإخفاق في تحقيق التوافق النفسى :

1- **عوامل عدم إشباع الحاجات الجسمية والنفسية** : ويشار إلى أن ذلك يؤدي إلى اختلال توازن الكائن الحي مما يدفعه لمحاولة استعادة توازن و أما أن ينجح في ذلك أو أن يفشل وبالتالي يلجأ للحيل الدفاعية .

2- **عوامل غير عادية** : و يشار بها إلى أن يكون الفرد ذا خاصية جسمية أو عقلية عالية أو منخفضة جدا وحينئذ يحتاج إلى رعاية واهتمام من نوع خاص إذ أن الذكي يختلف عن ضعيف العقل.

3- **تعلم سلوكيات حضارة للمجتمع:** إذ أن هدف عملية التنشئة الاجتماعية هو تعليم الفرد السلوك المقبول من قبل الجماعة فبالتالي فان الإعراض عن ذلك يؤدي إلى اختلال التوافق عن المعايير المتعارف عليها.

4- **عدم القدرة علي الإدراك والتمييز بين عناصر الموقف:** إذ أن ضيق مجال حياة الفرد يجعله يصعب عليه إدراك العناصر المختلفة في الموقف وبالتالي تقل استجابته لهذا الموقف ومن ثم يكون تصرفه غير هادف وعشوائي.

5- **صراع الأدوار:** ويقصد بها الصراع بين أدوات الذات إذ أن المجتمع يتوقع من ذات كل فرد وأن تؤدي ما يتوقعه المجتمع منه وما تعلمه وتنمط عليه في المجتمع (حسين الدريني :1985).

جدول (3)

السمات المميزة لذي الإعاقة السمعية المتوافقة وغير المتوافقة

م	سمات ذي الإعاقة السمعية المتوافق	سمات ذي الإعاقة السمعية غير المتوافق
1	يعتمد على نفسه ولديه القدرة على تحمل المسئولية	يفعل ما يريد دون أن يضع الآخرين في اعتباره وكذا يفعل ما لا يحسه الآخرون
2	يشعر بقيمته وتقدير الآخرين له وبكونه محبوب ومقبول من الآخرين.	يكون كسولا ومترددا في تقبله للمسئولية وتحملها
3	يشعر بحريته.	قعودا لأساسه بعدم الكفاية في الاضطلاع بالمسئولية
4	يساند الآخرين ويساعدهم .	يعتمد على مساعدة الآخرين له ويكون أكثر شعورا بالعجز والضعف والاستسلام
5	متحرر من الميول المضادة للمجتمع .	يعانى من التوتر والكآبة والحزن مما يجعله عرضه للإصابة بالأمراض النفسية
6	يكون على علاقة طيبة بجيرانه والوسط الذي يعيش فيه .	لا يشعر بتقدير الآخرين له ولا بالانتماء لأسرته أو لزملائه أو لبيئته
7	يكون راضيا عن حياته.	يشعر بالتعب من اقل مجهود ويصبح عاجزا عن حل مشاكله اليومية
8	يصبح قادرا على إحداث التغيير والتعديل في سلوكياته للأفضل لكي يحدث توازن بينه وبين بيئته	يشعر بالخوف وعدم الاستقرارمما يجعله متشائما حول المستقبل .
9	خال من التوترات والانحرافات النفسية.	ويضيف الباحث:سيطرة التوترات والانحرافات النفسية عليه.
10	متحرر من الانطواء والانعزال والميل للانفراد	وكذلك :اتسامه بالانطواء والانعزالية و عدم حب الجماعة.
11	يشعر بالانتماء لأسرته ومدرسته وعمله وزملائه.	وأيضا:عدم الشعور بالانتماء لأسرته أو مدرسته أو عمله وزملائه

(عاطف الأقرع :1999).

أبعاد التوافق النفسي لدي الأطفال ذوي الإعاقة السمعية :

ويعرف الباحث التوافق النفسي- لدى الأطفال ذوي الإعاقة السمعية بأنه تلك الاستجابات التي تدل علي شعور ذي الإعاقة السمعية بالرضا الشخصي- والرضا الاجتماعي و الرضا الدراسي والمتمثل في التوافق الشخصي والاجتماعي والدراسي وتدل عليه الدرجة الكلية التي يحصل عليها الطفل في المقياس يتضمن عدة أبعاد هي : التوافق الشخصي والتوافق الاجتماعي والتوافق الدراسي وفيما يلي عرض تلك الأبعاد:

أولا :التوافق الشخصي:

إن المقصود بالتوافق الشخصي هو تلك المجموعة من التفاعلات التي يقوم الفرد بإتيانها في تصرفاته المختلفة مع الغير والتي تدل على اعتماده علي نفسه وشعوره بالحرية في توجيه سلوكه وإحساسه بقيمته الذاتية وتحرره من الميول الانعزالية والخلو من الأمراض العصابية بالإضافة لشعوره بالأمن النفسي .

ويدل التوافق الشخصي علي أن الفرد يكون راضيا عن نفسه ،غير كاره لها أو ناقم عليها أو عديم الثقة في نفسه إذ تتسم حياته بالخلو من التوترات المقترنة بمشاعر الذنب والقلق (سيد مرسي :1985).

ومن ثم فان التوافق الشخصي- لدي ذي الإعاقة السمعية يدل علية مجموعة استجابات تشير إلى شعوره بالأمن الشخصي- واعتماده علي نفسه وإحساسه بقيمته نتيجة تقدير الآخرين له ، وحريته في اختيار أصدقائه وإحساسه بالحب المتبادل بينه وبين الآخرين (أفراد أسرته وأصدقائه) والتحرر من الانعزالية (عاطف الأقرع :1999).

ويوصف بأنه تحقيق الفرد للسعادة مع النفس والرضا عن النفس وإشباع الدوافع والحاجات الداخلية الأولية الفطرية ، والعضوية والفسيولوجية والثانوية والمكتسبة ، ويعبر عنه "بسلم داخلي " حيث يقل الصراع الداخلي مع التوافق لمطالب النمو في مراحله المتتابعة(حامد زهران :1997).

ويعرف الباحث التوافق الشخصي لذوي الإعاقة السمعية بأنه تلك الاستجابات التي تدل علي شعور ذي الإعاقة السمعية بالرضا الشخصي والممثل في: تقبله لإعاقته ، ويبدو ذلك في المشاركة مع الغير وعدم الانعزالية ، وقلة الميول الأنسحابية ، وقلة الانحرافات النفسية (الأعراض العصابية) كالقلق والاكتئاب ، والرضا عن الآخرين (تقدير الآخرين) ، و اتخاذه لأهداف واقعية . وتشتمل أبعاد التوافق الشخصي على ما يلي : تقبل الإعاقة, المشاركة وعدم الانعزالية. قلة الميول الانسحابية، وقلة الانحرافات النفسية له(الأعراض العصابية) كالقلق، والاكتئاب، والرضا عن الآخرين(تقدير الآخرين) ، وشعوره بالراحة النفسية، وشعوره بالحرية الذاتية كاختيار(ملابسة - أو أصدقائه).

ثانيا - التوافق الاجتماعي:

يشار للتوافق الاجتماعي بكونه مجموعة من الاستجابات المختلفة والتي تدل علي شعور الفرد بالآمن الاجتماعي وتحس من خلال علاقات الفرد الاجتماعية وتمتعه بالمهارات الاجتماعية المختلفة وتحرره من الميول المضادة للمجتمع والعلاقات الأسرية الطبية والإيجابية في محيط البيئة المحلية والمدرسية وقدرته علي اكتساب المعايير الاجتماعية المقبولة (عطية هنا: 1965).

ويضاف إلى ذلك بكونه يتضمن السعادة مع الآخرين والالتزام بأخلاقيات المجتمع، ومسايرة المعايير الاجتماعية وقواعد الضبط الاجتماعي ، وتقبل التغير الاجتماعي السليم وتعديل القيم ،والعمل لخير الجماعة (حامد زهران :1980) .

ويتضح مفهوم التوافق الاجتماعي من خلال وصفه بأنه تعلم كيفيه بناء علاقة مقبولة بين الفرد وبيئته الاجتماعية : كالأسرة والمجتمع ومن ثم تعلم الأنماط السلوكية المقبولة ولفظ غير المقبولة في مواقف اجتماعية معينة (عادل عز الدين الاشول :1987).

ويشار للتوافق النفسي لدي ذوي الإعاقة السمعية بأنه مجموعة الاستجابات الدالة علي شعوره بالآمن الاجتماعي ويظهر ذلك في اتفاق رغباته مع رغبات الجماعة وأحكامها

ومساعدة الآخرين في ضوء قدراته وإمكاناته ،وعدم الميل للتشاحن مع الآخرين أو تدمير الممتلكات ،واتسام علاقته مع أسرته وجيرانه بالتفهم والتقدير(عاطف الأقرع: 1999).

ويتضمن التوافق الاجتماعي السعادة مع الآخرين والالتزام بأخلاقيات المجتمع ومسايرة المعايير الاجتماعية والامتثال لقواعد الضبط الاجتماعي وتقبل التغير الاجتماعي والتفاعل الاجتماعي السليم والعمل لخير الجماعة بما يؤدي لتحقيق الصحة الاجتماعية (حامد زهران :1997).

ويعرف الباحث التوافق الاجتماعي لدى ذوي الإعاقة السمعية بأنه تلك الاستجابات التي تدل على شعورهم بالرضا الاجتماعي والممثل في : التواصل الإيجابي مع الغير ، و إتقان المهارات الاجتماعية (كالتعاون والمساعدة والصداقة) ، والتفاعل الإيجابي مع الأسرة – الجيران – الأقارب ، وقلة الميول المضادة للمجتمع، واتفاق رغباته مع رغبات الجماعة ، والأبعاد المقترحة تتمثل في :تواصل الطفل ذي الإعاقة السمعية مع الغير، وإتقان الطفل ذي الإعاقة السمعية للمهارات الاجتماعية(كالتعاون والمساعدة والصداقة) ، والتفاعل الإيجابي الطفل ذي الإعاقة السمعية مع الأسرة ، وقلة الميول المضادة للمجتمع من قبل الطفل ذي الإعاقة السمعية،واتفاق رغباته مع رغبات الجماعة ،والتفاعل الإيجابي له مع المعلم والأقران واحترام الطفل ذي الإعاقة السمعية لأراء ورغبات الجماعة.

ثالثا - التوافق الدراسي:

يشار لمفهوم التوافق الدراسي بأهم خبرة في حياة الفرد وهي خبرة دخوله المدرسة ، وبقدر تعلق الطفل بالأم والبيئة والأب والأخوة وقدرته على توسيع علاقات خارج البيت في السن قبل مرحلة دخوله المدرسة ثم استقبال المدرسة له – معلمين وزملاء - بقدر ما يكون توافقه المبدئي أو عدم توافقه ،ولذا ينظر الطفل للمعلم على انه بديل للأب فيتوقع منه ما كان يتوقعه من أبيه من اهتمام به وإصغاء له أي ينشر العطف والتقبل والمساعدة وكذلك إن يكون المعلم ذو صفات إنسانية : حنون ، مرح ،طبيعي ، معتدل المزاج وذو صفات نظامية: منصف ، ثابت ، محترم ،وان يكون شكله ومظهرة أنيق الهندام حسن الصوت جذاب بصفة

عامة بوصفات مهنية : مشجع ومعين ديمقراطي متحمس وهذا يعطي توافق إيجابي للطفل؛ إذ إن ذلك الطفل يتأثر بعلاقته بالمعلم وكذلك بأقرانه في المدرسة .

ويعرف الباحث التوافق الدراسي لذوي الإعاقة السمعية (إجرائيا) : بأنة تلك الاستجابات التي تدل علي شعور ذي الإعاقة السمعية بالرضا الدراسي والممثل في : تقبل المدرسة والمواد الدراسية والمعلم وإدارة المدرسة وزملاء الفصل وراية في المعلم، ومن تلك الأبعاد : اتجاهه المدرسة ، واتجاهه نحو المواد الدراسية ، اتجاهه نحو المعلم ، واتجاهه نحو إدارة المدرسة ، واتجاهه نحو زملاء الفصل ، واتجاهه نحو الرضا عن الدراسة.

العوامل التي تساعد علي التوافق المدرسي :

1-تهيئة الغرض Opportunity:

وهي تلك اللازمة للاستفادة من التعليم بأكبر قدر ممكن مع عدالة الفرض وتكافؤها . أي إعطاء كل تلميذ ما يحتاجه منها حسب طاقته وقدراته .

2-الكشف عن قدرات التلاميذ :

وذلك من خلال اختبارات الذكاء والتحصيل الدراسي والمهارات .

3-إثارة الدوافع Motivation :

مثل الحث علي التعلم وإثارة الهمة للإقبال علي الدرس .

4-إرساء قواعد النظام Disciple :

ويتم ذلك في المدرسة ومن أمثلة ذلك تشجيع مكافأة المتميزين ومعاقبة المهملين والمخطئين.

5- الموازنة:

بين ما تعطيه المدرسة من معلومات دراسية وواجبات وتحصيل وبين ما يصقل قدرات التلاميذ علي أداء ذلك وتقبله إلى الموازنة بين المقررات والقدرات .

6- إثارة التنافس Competition والتسابق Racing :

وذلك بين التلاميذ بما يدفع إلى الغيرة الدراسية والاهتمام (كمال دسوقي:1980).

سوء التوافق في المدرسة :

إن أدراك الطفل لخبرة الذهاب إلى المدرسة علي أنها انفصال عن الوالدين والخضوع لنظم وضعتها جماعة غير الأسرة مع سوء التوافق النفسي للمربي نفسه وممارسة التهديد والعنف والنقد السلبي أو التوبيخ يؤدي ذلك كله للتمهيد بسوء التوافق المدرسي لدي الطفل ، في حين " أن المشاركة في أوجه نشاط الجماعة المدرسة بفاعلية و إسهام المدرسة بمن فيها في نمو شخصية الطفل في كافة النواحي وارتفاع قدراته وإقباله علي الدراسة من شانه إن يؤدي إلى تحقيق التوافق الدراسي له " (حامد زهران :1997).

التوافق النفسي لدي الأطفال ذوي الإعاقة السمعية:

إن الأطفال ذوي الإعاقة السمعية في محاولتهم لتحقيق التوافق النفسي " الشخصي والدراسي والاجتماعي " قد يستخدمون أساليب توافقية متباينة وذلك عندما يصدمون بالصعوبات التواصلية مع أقرانهم ذوي الإعاقة السمعية أو مع عادي السمع وذلك في المواقف التفاعلية المختلفة للحياة ، وتلك الأساليب التوافقية قد تكون : مواجهه غير مباشرة للعقبة أو المشكلة التي يتعرض لها هؤلاء الأطفال وذلك من خلال إيجاد سلوك بديل إيجابي من وجهة نظر ذلك الطفل ويلجأ إلى ذلك السلوك عندما يصعب علية مواجهة المشكلة مباشرة؛ إذ أن شعوره بعدم القدرة علي المواجهة والفشل إزاء تحقيق هدف ما أو التغلب

علي مشكلة ما يجعله يلجأ إلى بذل طاقة أكثر في مجال أخر يشعر خلاله أن يحقق فيه ذاته ولذا تتسم تلك الطاقة بأنها نشاط من قبيل الحيل الدفاعية في محاولة للتملص من المواجهة الواقعية للمشكلة الأمر الذي يؤدي لإحداث ضعفا أكثر في قدرة الفرد علي مواجهه المشكلة الحالية التي تعتريه ، ويتسم ذلك الأسلوب " بالتقهقر والتراجع" ولذا يطلق علية التوافق السلبي أي النكوص والارتداد .

أما السلوك الذي يعتمد علي المواجهة المباشرة للمشكلة ومواجهتها فان ذلك يقوي الأنا لديه ويدعم استعداده لمواجهة المشكلات التالية التي يمكن أن تعتريه ويدعم قوته الداخلية ويقوي شخصيته ويقلل من اتحاد الهي والانا العليا أمام الأنا ويتسم ذلك الأسلوب "بالمواجهة والتقدم " ولذا يطلق عليه التوافق الإيجابي.

الفصل التاسع
دمج ذوى الإعاقة السمعية في مدارس العاديين

دمج ذوى الإعاقة السمعية في مدارس العاديين

مقدمة :

يقول الله سبحانه وتعالى فى القرآن الكريم " يَا أَيُّهَا النَّاسُ إِنَّا خَلَقْنَاكُم مِّن ذَكَرٍ وَأُنثَى وَجَعَلْنَاكُمْ شُعُوباً وَقَبَائِلَ لِتَعَارَفُوا إِنَّ أَكْرَمَكُمْ عِندَ اللَّهِ أَتْقَاكُمْ إِنَّ اللَّهَ عَلِيمٌ خَبِيرٌ " [سورة الحجرات، آية 13]. والله يقول في كتابه العزيز" يا أيها الذين أمنوا لا يسخر قوم من قوم عسى أن يكونوا خيرا منهم"[سورة الحجرات،آية 11]. وفى قوله تعالى " وَلَقَدْ كَرَّمْنَا بَنِي آدَمَ وَحَمَلْنَاهُمْ فِي الْبَرِّ وَالْبَحْرِ وَرَزَقْنَاهُم مِّنَ الطَّيِّبَاتِ وَفَضَّلْنَاهُمْ عَلَى كَثِيرٍ مِّمَّنْ خَلَقْنَا تَفْضِيلاً "[سورة الإسراء،آية70]. أي أنه لا تمايز بينكم إلا بالتقوى والعمل الصالح. ويعد
دمج ذوي الاحتياجات الخاصة في المجتمع أحد الخطوات المتقدمة التي أصبحت برامج التأهيل المختلفة تعتبرها هدف أساسي لتأهيل ذوي الاحتياجات الخاصة حديثاً .

مفهوم الدمج :

ويعرف بكونه حالة تهيؤ أو استعداد تام لدى المهتمين بذوى الإعاقة السمعية من أولياء الأمور والمعلمين لتوفير تعليم المعوقين داخل البيئة التعليمية لكل المتعلمين الآخرين حيث يوجد الجدوى من هذا الدمج سواء في المدرسة أو المنزل العادي والبيئة المحلية .

والمقصود بأسلوب الدمج هو تقديم كافة الخدمات والرعاية لذوي الاحتياجات الخاصة في بيئة بعيدة عن العزل وهي بيئة الفصل الدراسي العادي بالمدرسة العادية ، أو في فصل دراسي خاص بالمدرسة العادية أو فيما يسمى بغرف المصادر والتي تقدم خدماتها لذوي الاحتياجات الخاصة لبعض الوقت كما أن الدمج الشامل لذوى الإعاقة السمعية في البيئات التربوية العادية يمثل تحدياً جديداً بالنسبة لجميع المربين، وقد أسفرت النتائج التي

ترتبت على ذلك عن تأثيرات كبيرة على جميع الطلاب سواء كانوا ذوي إعاقة سمعية أو عاديين.

ويكمن مفهوم عملية الدمج في كون أن الأفراد ذوى الإعاقة السمعية يجب أن يكونوا جزءاً مستوعباً ومشاركا ليس فقط في الفصل الدراسي العادي بل في الأنشطة المدرسية عموما .

ويشير " كوفمان " Kauffman أن الدمج أحد الاتجاهات الحديثة في التربية الخاصة ، ويضيف " مادن وسلانبن " Slanin & Madden أن الدمج يعني ضرورة أن يقضي ذوى الاحتياجات الخاصة أطول وقت ممكن في الفصول العادية مع إمدادهم بالخدمات الخاصة الضرورية.

وهناك فئة انحازت لمصطلح التكامل Integration وذلك للتعبير عن عملية تعليم ذوى الاحتياجات الخاصة وتدريبهم ورعايتهم مع أقرانهم العاديين ويميز أصحاب هذا الرأي بين أربعة أنواع من التكامل :

1- **التكامل المكاني:** والذي يشير إلي وضع ذوى الاحتياجات الخاصة في فصول خاصة ملحقة بالمدارس العادية.

2- **التكامل الوظيفي:** يعني اشتراك ذوى الاحتياجات الخاصة مع التلاميذ العاديين في استخدام المواد المتاحة.

3- **التكامل الاجتماعي:** ويشير إلى اشتراك ذوى الاحتياجات الخاصة مع التلاميذ العاديين في الأنشطة غير الأكاديمية مثل اللعب والرحلات والتربية الفنية.

4- **التكامل المجتمعي :** ويراد به إتاحة الفرصة لذوى الاحتياجات الخاصة للحياة في المجتمع بعد تخرجهم من المدارس أو مراكز التأهيل بحيث نضمن لهم حق العمل والاعتماد على أنفسهم (عبد الرحمن خلف: 1995) .

دمج ذوى الإعاقة السمعية بين الرفض والتأييد

اختلفت النظرة لذوى الإعاقة السمعية مرورا من العصور القديمة والحديثة، إذ كانت مزيجا من الاحتقار والسخرية, أو من الإشفاق والإحسان., ومع ظهور الإسلام حظى ذوو الاحتياجات الخاصة بصفة عامة وذوى الإعاقة السمعية بصفة خاصة بالرعاية والاهتمام في وسط المجتمعات الإسلامية, ذلك لأن الإسلام قد أعطى لكل فرد إنسانيته بغض النظر عن إعاقته, وكرم الإنسان وساوى بين أفراد البشر.

والدمج هدف إنساني ومرحلة مهمة من مراحل حياة ذوى الإعاقة السمعية , ولكي نصل إلى الهدف المرجو لابد من توعية المجتمع بجميع شرائحه, وإعطائه الفكرة الكافية عن عمل الدمج من ناحية مفهومه وأهدافه, لأن أفراد المجتمع سواء أولياء أمور ذوى الإعاقة السمعية وأولياء أمور الطلاب العاديين وذوى الإعاقة السمعية أنفسهم والمعلمون في المدارس العادية هم منوطون بنجاح أو فشل عملية الدمج, وذلك تبعا لتقبلهم لذوى الإعاقة السمعية بينهم .

أنواع الدمج :

أ- الدمج الكلي:

ويشار به إلى دمج ذوى الصمم الجزئي (ضعاف السمع) ممن لديهم بقايا سمعية أو يستطيعون السمع بالسماعات في الصف العادي مع أهمية وجود تركيز من المعلم العادي.

ب- الدمج الجزئي:

ويشير إلى دمج ذوى الصمم الكلي (الصم) ممن ليس لديهم أي بقايا سمعية (صمم تام) في صف خاص داخل المدرسة العادية ليتلقى التعليم على يد معلم مختص في

هذا المجال مع ضرورة استخدام وسائل ومعينات خاصة, ويتم اختلاطهم في بعض الحصص مثل التربية البدنية والتربية الفنية وفي الأنشطة اللامنهجية مثل الترفيهية .

الأهداف التي يمكن أن يقدمها الدمج لذوى الإعاقة السمعية:

1- إن وضع الطلاب ذوى الإعاقة السمعية في المدارس العادية يعكس الفلسفة التربوية الإنسانية ويزيل عنهم وصمة المسميات مثل الصم، الصم والبكم، الطرش ... ، حيث يتعامل الطفل كإنسان عادي.

2- الاستفادة من الخدمات التي تقدم لأقرانهم العاديين بالإضافة إلى خدمات معاونة خاصة إذا كان الأمر يحتاج إلى ذلك.

3- توفير لهم معلمين متخصصين في المواد العلمية المختلفة في المراحل الإعدادية والثانوية، والتي تفتقد إليها مدارس ذوى الإعاقة السمعية التي كانت تركز على المرحلة الابتدائية.

4- زيادة فرص الانتقال من مرحلة إلى أخرى حسب النظام التعليمي العادي والمعترف به لدخول الجامعات.

5- إن تواجد الطلاب ذوى الإعاقة السمعية بالمدارس العادية يزيد من الوعي عند الطلاب والأفراد حول قدرات الطفل ذي الإعاقة السمعية وبالتالي إمكانية التعامل معهم بشكل صحيح وطبيعي.

6- إن تواجد ذوى الإعاقة السمعية بالمدارس العادية يعمل على زيادة فرص اكتساب الخبرات والمهارات المعرفة من الطلاب العاديين، والإمكانيات المادية الكثيرة، والأنشطة المتعددة حيث ينعكس ذلك إيجابياً على تحصيلهم الدراسي.

7- أن تواجد الطلاب ذوى الإعاقة السمعية بالمدارس العادية سيزيد من فرص التفاعل الاجتماعي وبالتالي التعلم للسلوك الإيجابي من الأفراد العاديين مما يساهم من تقبل المجتمع لهم.

8- إن دخول الطلاب ذوى الإعاقة السمعية بالمدارس العادية قد يزيد من ثقتهم بأنفسهم وتقديرهم لذاتهم، وهذا التحول يؤيد فكرة ذوى الإعاقة السمعية عن أنفسهم أنهم غير معوقين وأنهم عاديين ولكنهم يتحدثون لغة الإشارة ويستطيعون فهم ما يقال.

9- إن الجوانب الإيجابية في الأفراد ذوى الإعاقة السمعية أكثر من الجوانب السلبية لديهم، وعملية الدمج تتيح الفرصة لإظهار الجوانب الإيجابية ذوى الإعاقة السمعية وللأفراد العاديين، بعيدا عن المدارس الخاصة بهم التي تظهر الجوانب السلبية في ذوى الإعاقة السمعية للأفراد العاديين لعدم الدمج بينهم.

10- إن تواجد الطلاب ذوى الإعاقة السمعية بالمدارس العادية سوف يتيح لهم فرصة كبيرة لانتشار لغة الإشارة بين العاديين، مما يزيد التواصل بينهم وينعكس ذلك على تحسين عملية التواصل ونقل المعرفة والخبرة المختلفة.

11- إن عملية الدمج تعطي جميع الطلاب ذوى الإعاقة السمعية فرصة التعلم وذلك بسبب توفر المدارس العادية في كل الأماكن.

12- إن عملية دمج الطلاب ذوى الإعاقة السمعية بالمدارس والفصول العادية تفرض على الأفراد العاديين إعادة النظر في مواقفهم تجاه المعوقين بشكل عام و ذوى الإعاقة السمعية بشكل خاص.

13- إن عملية دمج الطلاب ذوى الإعاقة السمعية بالمدارس العادية تخلصهم من وصمة الإعاقة حيث تساهم بزيادة مشاركة الأهل واهتمامهم بأطفالهم ذوى الإعاقة السمعية وتخلصهم من الشعور بالدونية عند متابعتهم لأحقا.

ثانياً:أنماط الدمج

تختلف أساليب دمج المعوقين مـن بلـد إلى آخـر حسب إمكانيـات كـل منهـا حسب نوع الإعاقة ودرجتها، بحيث يمتد من مجرد وضع المعوقين في فصل خاص ملحق بالمدرسة العادية إلى إدماجهم كاملا في الفصل الدراسي العادي مع إمدادهم بمـا يلـزمهم من خدمات خاصة.

1- الفصول الخاصة :

حيث يلتحق الطفـل بفصـل خـاص بـذوى الإعاقة السـمعية ملحق بالمدرسـة العادية في بادئ الأمر، مع إتاحة الفرصة أمامه للتعامـل مـع أقرانـه العاديين بالمدرسة أطول فترة ممكنة من اليوم الدراسي.

2- حجرة المصادر :

حيث يوضع الطفل في الفصل الدراسي العادي بحيث يتلقـى مساعدة خاصة بصورة فردية في حجرة خاصة ملحقة بالمدرسة حسب جدول يومي ثابت... وعـادة مـا يعمل في هذه الحجرة معلم أو أكثر من معلمي التربيـة الخاصـة الـذين أعـدوا خصيصا للعمل مع المعوقين.

3- الخدمات الخاصة :

ويلحق الطفل بالفصل العادي مع تلقيه مساعدة خاصة من وقت لآخر بصورة غير منتظمة في مجالات معينة مثل : القراءة أو الكتابة أو الحساب .. وغالبا يقدم هـذه المساعدة للطفل معلم تربية خاصة متنقل (متجول) يزور المدرسة مرتين أو ثلاث مـرات أسبوعياً.

4- المساعدة داخل الفصل :

وفيه يلحق الطفل بالفصل الدراسي العـادي، مـع تقديم الخدمات اللازمـة لـه داخل الفصل حتى يمكن للطفل أن ينجح في هذا الموقف، وقد تتضمن هـذه الخدمات استخدام الوسائل التعليمية أو الأجهزة التعويضية، أو الدروس الخصوصية.

الصعوبات والمشكلات التي تواجه الطلاب ذوى الإعاقة السمعية
من عملية الدمج في مدارس العاديين

1- إن المدارس العادية في معظمها تركز على التحصيل الدراسي للطالب كما وإنها لا تعتبر النمو في الجوانب الاجتماعية والنفسية للطالب محك للنجاح المدرسي وهي ما تركز عليه في عملية الدمج، وبما أن مستوى التحصيل الدراسي لمعظم الطلاب ذوى الإعاقة السمعية منخفض بشكل عام مقارنة بمستوى التحصيل للطلاب العاديين فإن اتهام ذوى الإعاقة السمعية بالفشل الدراسي سيزيد وبالتالي تزداد النظرة الدونية إليهم ورغبتهم في الانزواء.

2- قد يؤدي التفاعل بين الطلاب العاديين والطلاب ذوى الإعاقة السمعية إلى نتائج سلبية أكثر من إيجابية وذلك لما يتميز به الأطفال ذوى الإعاقة السمعية من مزاج حاد ومتقلب ولانتمائهم الشديد لبعضهم وهذا يبعدهم في أحوال كثيرة عن اكتساب الخبرات الاجتماعية من الطلاب العاديين، لهذا يجب بذل جهود كبيرة من العاملين والمتخصصين للتغلب على تلك الصعوبات.

3- يؤثر موقف أولياء الأمور السلبي من الأطفال ذوى الاحتياجات الخاصة ومن ذوى الإعاقة السمعية على عملية الدمج حيث يرفض أولياء الأمور تسجيل أبنائهم في مدارس تحتوي على الطلاب ذوى الإعاقة السمعية لما يعتقدون بأن هؤلاء الطلاب عدوانيون.

4- عدم خبرة المعلمين في التعامل مع الأطفال ذوي الاحتياجات الخاصة تؤثر سلبا على عملية الدمج حيث أن هؤلاء المعلمون يتمسكون بالطريقة والأسلوب التقليدي لتدريب الطلاب العاديين ولا يقوموا بتطويع المناهج بشكل مرن ليشمل كافة المستويات الطلابية.

5- صعوبة إعداد منهج علمي واحد لتدريس الطلاب العاديين وذوى الإعاقة السمعية يتصف بالتجانس والتكامل والشمول ويلبي احتياجات ذوى الإعاقة السمعية المتباينة.

6- صعوبة الاتصال والتواصل بين المعلم العادي المتمسك عادة بالكلام الصوتي والطلاب ذوى الإعاقة السمعية المتمسكين بلغة الإشارة والعاديين باللغة الصوتية.

7- إستراتجية النظام التربوي في البلاد العربية التي تحاسب على المستوى التحصيلي للطلاب في تقييم المعلم حيث يؤثر ذلك على موقف المعلم من الطفل ذى الإعاقة السمعية.

8- ازدحام الفصول في الطلاب العاديين وهذا يؤثر على عملية تدريبهم وتحصيلهم وفهمهم وتعديل سلوكهم.

9- عدم توفر الإمكانيات المادية والبشرية اللازمة في مدارسنا لتنفيذ منهج شامل للطلاب العاديين وذوى الإعاقة السمعية لتحقيق عملية الدمج.

10- عدم وجود معلمين معدين للتعامل مع عملية الدمج في المدارس .

11-عدم توفر التأهيل المهني في معظم المدارس العادية التقليدية لاستقبال الطلاب الذين يفشلون في مسايرة الدراسة بالمدارس العادية.

12-عدم التنسيق بين المعلمين (معلم الصف العادي ومعلم التربية الخاصة) والعمل بروح الفريق الواحد ويؤثرذلك سلبا على تحصيل الطفل ذى الإعاقة السمعية في المدارس العادية.

13- عدم خبرة المدرسين في معظم مدارسنا في التعامل مع ذى الإعاقة السمعية والأفكار السلبية والمشوشة عنهم تؤثر على تعاملهم مع الطفل ذى الإعاقة السمعية وتوقعاتهم له.

الصعوبات التي يواجهها الطلاب العاديين مع عملية دمج ذوى الإعاقة السمعية معهم

1- أن تعليم الطلاب ذوى الإعاقة السمعية في الفصل العادي يحتاج من المعلم العادي إلى جهد ووقت أطول وكذلك إلى وسائل تعليمية كثيرة وتحليلا للمهمة بشكل بسيط للغاية، كل ذلك على حساب الطفل العادي سواء في حقه من زمن الحصة وعلى حساب ما يلزم لتقديمه للطلاب المتميزين والمتفوقين.

2- نتيجة لما يلزم الطلاب ذوى الإعاقة السمعية من إعادة التأهيل لتقريب المستويات فيما بينهم وبين العاديين داخل الفصل وذلك بسبب نقصهم الواضح للتحدث باللغة الصوتية وللمهارات الاجتماعية السلوكية والمهارات المعرفية والتعليمية، يدفع المعلم العادي للتفاعل مع الطلاب ذوى الإعاقة السمعية على حساب الطلاب العاديين.

3- دخول الطلاب ذوى الإعاقة السمعية في مدارس وفصول الطلاب العاديين بخصائصهم ومشكلاتهم وخبراتهم السابقة واتجاهاتهم أحيانا السالبة واتجاه الطلاب العاديين ستخلف مشاكل سلوكية بينهم في الفصل والمدرسة مما يزيد الفراغات السلبية بينهم .

المتطلبات اللازمة لدمج ذوى الإعاقة السمعية في المدارس العادية

أولاً: يجب أن تقوم عملية دمج ذوى الإعاقة السمعية في المدارس العادية على إستراتيجيتين منفصلتين:

الإستراتيجية الأولى: تخص الأطفال ذوى الإعاقة السمعية الذين لم يدخلوا المدرسة بعد، بحيث تقدم لهم خدمات التدخل المبكر.

الإستراتيجية الثانية: وتكون للأطفال ذوى الإعاقة السمعية الموجودين فعلا بالمدارس الخاصة بهم والمراكز التأهيلية والتي تعمل على تهيئة هؤلاء الطلاب ذوى الإعاقة السمعية لدمجهم بالمدرسة العادية بعد تجهيزها ماديا وبشريا ونفسيا واجتماعيا وتعليميا لدرجة تحد من المشكلات والصعوبات واحتمالات الفشل.

ثانياً: إن سياسة دمج ذوى الإعاقة السمعية في المدارس العادية تجعلنا نعيد النظر في إعادة هيكلة النظام الوظيفي للمؤسسة المختصة بحيث تستطيع أن تقدم خدمات ضرورية مسانده لعملية وسياسة الدمج سواء لأطفال ما قبل المدرسة أو ما بعدها من خلال:

1- توفير برامج تتضمن:

- خدمات إرشادية لزيادة الوعي بالإعاقة وأسبابها .

- خدمات طبية لتشخيص الإعاقة والعلاج الطبي الجراحي وتقديم كل ما هو جديد بالإضافة إلى توفير واستخدام المعينات السمعية واحتياجاتها القليلة.

- خدمات لغوية ذات مستويات لعلاج الآثار المترتبة للإعاقة على نمو اللغة للطفل لتخفيف أثار الإعاقة على الأسرة.

- خدمات إرشادية تدريبية لتدريب الطفل والأسرة لأساليب تربية الطفل ذى الإعاقة السمعية

- خدمات اجتماعية لحل المشكلات السلوكية التي تواجه ذوى الإعاقة السمعية.

- خدمات تقييميه شاملة للأطفال ذوى الإعاقة السمعية في ضوء ظروفهم الاجتماعية والاقتصادية.

2- توفير دور حضانة ورياض أطفال لذوى الإعاقة السمعية:

تركز أساسا على تكوين مهارات لغوية واجتماعية وتعليمية تؤهل هؤلاء الأطفال لدخول المدرسة العادية بأفضل شكل متاح.

ثالثاً: إن عملية دمج ذوى الإعاقة السمعية بالمدارس العادية يلزم استخدام الأساليب التدريجية وأن يأخذ شكلا يحقق لهم الفائدة من عملية الدمج وإمكانية وجود فصل خاص لذوى الإعاقة السمعية في المدارس العادية يمثل بوابة الدخول للمدارس العادية لنتعرف من خلاله على المشكلات والصعوبات التي تواجه الطلاب ذوى الإعاقة السمعية.

رابعاً: إن عملية دمج الطلاب ذوى الإعاقة السمعية بالمدارس العادية تتطلب اختيار المتميزين من ذوى الإعاقة السمعية ممن تتوفر فيهم الشروط الآتية:

- الطلاب ضعاف السمع المتميزون ويستخدمون المعينات السمعية ويتحدثون الكلام الصوتي بوضوح.

- الطلاب المتميزون في الأنشطة والمواد العلمية .

- الطلاب الذين ليس لديهم خبرات سابقة سيئة مع العاديين.

- المتميزون في المستوى التحصيلي التعليمي.

- المتميزون في الأنشطة الرياضية والفنية.

- من لديهم اتجاهات إيجابية نحو العاديين.

- من لديهم استقرار نفسي واجتماعي أفضل وتقبل أسري.

- من يستخدمون أكثر من طريقة في الاتصال غير الإشارة.

- من لديهم خبرات اجتماعية إيجابية مناسبة لسلوك العاديين.

خامساً: إن عملية دمج ذوى الإعاقة السمعية تتطلب تهيئة نفسية واجتماعية وسلوكية وتعليمية قبل الدخول للمدرسة والفصل العادي في الجوانب التالية:

- التأكيد على زيادة الثقة بأنهم غير معوقين كبقية المعوقين بهدف زيادة الدافعية والرغبة في قبول التحدي مع الأفراد العاديين وتقليل الشعور بالدونية.

- عرض لبعض المشكلات والمواقف التي يمكن أن يتعرضوا لها عند دخـولهم المدرسـة العادية وكيفية حدوثها وأسبابها وطرق التغلب عليها.

- عمل خطة نشاط لتبادل الزيارات بين طلاب المدرسة العادية وطلاب المدرسة الخاصة بذوي الإعاقة السمعية بهدف تحقيق تعارف متبـادل وتكوين صـداقات لتعديل اتجاهاتهم السلبية نحو بعض.

- إقناع الطلاب ذوي الإعاقة السمعية بالالتحاق بالمدارس العادية ليتسنى لهم استكمال دراستهم الثانوية ومن ثم الجامعية.

سادساً: أن من متطلبات عملية الدمج تهيئة الطلاب العاديين والعاملين فيها عـلى كافـة مسـتوياتهم الفنيـة والتدريسـية والإداريـة والعماليـة لاسـتقبال الطـلاب ذوي الإعاقـة السمعية وتوفير لهم المعلومات الكافية عن الإعاقة السمعية ومشكلة الصمم وخصائص ذوي الإعاقـة السـمعية وسـلوكياتهم ومشـكلاتهم وتـربيتهم واحتياجـاتهم مـع توضيح الجوانب الإيجابية لديهم وكذلك الجوانب السلبية وذلك من خلال برامج إرشادية.

سابعاً: يجب أن تحقق عملية الدمج أهدافها وذلك من خلال :

- التنفيذ الدقيق والأمين لمتطلبات عملية الـدمج بعـد عمليـة التخطيط والتهيئـة لكـل عناصر عملية الدمج من طلاب ذوي الإعاقة السمعية والطلاب العـاديين والمدرسة والكادر العامل والأسرة.

- أن يؤهل الطفل ذوي الإعاقة السمعية تأهيلا مناسبا لدمجه في المدارس العادية قبـل دخوله هذه المدارس.

- إعطاء عملية الدمج الفرصة الكافية لتحقيـق أهـدافها بـالظروف الطبيعيـة ومـن ثـم تقييمها لمعرفة جوانب القصور وتلافيها فيما بعد .

الصعوبات والمشكلات التي يمكن أن تواجه عملية الدمج:

ومن تلك الصعوبات ما يلي :

1- مشكلات مادية :

- عدم توفر الإمكانيات المادية والبشرية اللازمة في المدارس لتقديم منهج علمي متكامل وموحد للطلاب العاديين وذوى الإعاقة السمعية لتحقيق عملية الـدمج بالإضافة إلى عدم توفر البرامج البديلة التي تكفل استمرار تعليم الطالب ودمجه في المجتمع مثل التأهيل المهني.

2- مشكلات تتعلق بإستراتيجية التعلم :

- اختلاف الإستراتيجيات التعليمية في المدارس العادية عنها في المؤسسات التي تعلـم ذوى الإعاقة السمعية حيث تركز الأولى على التحصيل الدراسي للطالب لنجاحه أما الثانية فتركز على النمو في الجوانب الاجتماعيـة والنفسـية والسـلوكية بالإضـافة إلى القدرات الفردية.

- إستراتيجية النظام التربوي في البـلاد العربيـة التـي تحاسـب عـلى المستوى التحصيلي للطلاب في تقييم المعلم.

3- مشكلات تتعلق بالمعلم :

- عـدم خبرة المعلمـين في المـدارس العاديـة في التعامـل مـع الأطفـال ذوي الاحتياجـات الخاصة سواء كان في التواصل معهم أو باستخدام الأساليب التعليمية المناسبة له.

- عدم التنسيق بين المعلمين والأخصائيين والعمل بروح الفريق الواحد.

4- مشكلات تتعلق بالطلاب العاديين وذوى الإعاقة السمعية:

- صعوبة تقبل الطلاب العاديين والطلاب ذوى الإعاقة السمعية لبعضهم البعض نتيجة لخبراتهم السابقة وأفكارهم المسبقة عن بعضهم وكذلك لما يتميز كل منهم بخصائص خاصة.

- اختلاف الاحتياجات التعليمة لكل منهم واهتمام المعلم بفئة محددة تؤثر سلبا على الأخرى

5- موقف أولياء الأمور السلبي من الأطفال ذوى الاحتياجات الخاصة ومن ذوى الإعاقة السمعية.

ثالثاً: متطلبات عملية الدمج

أن دمج الأطفال ذوي الاحتياجات الخاصة مع الأطفال العاديين ليس عملية سهلة، بل أن هناك عدة متطلبات لابد من مواجهتها:

(1) التعرف على الاحتياجات التعليمية:

من الأهمية معرفة على متطلبات الدمج التعرف على الحاجات التعليمية الخاصة للتلاميذ بصورة عامة والمعوقين منهم بصفة خاصة حتى يمكن إعداد البرامج التربوية المناسبة لمواجهتها من الناحية الأكاديمية والاجتماعية والنفسية في الفصول العادية... فلكل طفل معوق قدراته العقلية وإمكانياته الجسمية وحاجاته النفسية والاجتماعية الفردية التي قد تختلف كثيرا عن غيره من المعوقين (عبد العزيز الشخص: 1987).

وتكمن أهمية التعرف على المتغيرات والتي تسهم في تدعيم الاتجاه نحو سياسة إدماج التلاميذ ذوى الاحتياجات الخاصة في الفصول العادية وذلك من وجهة نظر المعلمين والإداريين في التعليم العام من خلال أن الدمج يهيئ فرصا للتفاعل الإيجابي مع العاديين داخل المدرسة (محمد عبد الغفور :1999).

وكانت أهم الاحتياجات التعليمية للدمج تتمثل في :

أ- تحديد الإعاقات القابلة للدمج.

ب- توفير الخدمات الطبية المناسبة للمعاق، والمنهج ومرونته، والمدرس وإعداد للتعامل مع الطفل المعاق، والوسائل التعليمية الخاصة بالمعاق.

وعلى ذلك فإن تنفيذ برامج الدمج يتطلب التركيز على أربعة نواحي :

جـ- إعداد هيئة التدريس، واختيار المناسب.

د- وضع الأطفال في الصفوف المناسبة ويتضمن : قيد المعوقين منهم، واختيار غير المعوقين منهم، أو العكس.

هـ - تخطيط وتنفيذ الاستراتيجيات المناسبة : التقييم التربوي، البرنامج الفردي التربوي، قواعد ضبط الفصل، البيئة، التخطيط داخل الفصل، الخطة والجداول، اللعب، الاستراتيجيات داخل وخارج الفصل.

و-المشاركات بين الوالدين والعاملين (فاروق صادق: 1998).

(2) إعداد القائمين على التربية:

إذ يجب تغيير اتجاهات كل من يتصل بالعملية التربوية من : مدرسين، ونظار وموجهين، وعمال، وتهيئتهم لفهم الغرض من الدمج، وكيف تحقق المدرسة أهدافها في تربية المعوقين بحيث يستطيعوا الإسهام بصورة إيجابية في نجاح إدماجهم في التعليم وإعدادهم للاندماج في المجتمع .

ومن خصائص مشروعات الدمج الناجحة أنها :

- وفرت القيادات الإدارية .

- عملت على تحسين ونجاح التواصل والمشاركة بين أفراد المشروع.

- وفرت مصادر كافية من كل من الكوادر والتكنولوجيا المستخدمة.

- قامت بتدريب كاف كما ونوعا ومساندة المعلمين في عملهم.

(3) إعداد المعلمين :

فقبل تنفيذ أي برنامج للدمج يجب توفير مجموعة من المعلمين ذوي الخبرة في تعليم ذوى الاحتياجات الخاصة وإعدادهم إعدادا مناسبا للتعامل مع العاديين والمعاقين ومعرفة كيفية إجراء ما يلزم من تعديلات في طرق التدريس لمواجهة الحاجات الخاصة للمعوقين في الفصل العادي، إلى جانب معرف أساليب توجيه وإرشاد التلاميذ العاديين بما يساعدهم على تقبل أقرانهم المعاقين.

(4) إعداد المناهج والبرامج التربوية :

إن من متطلبات الدمج ضرورة إعداد المناهج الدراسية والبرامج التربوية المناسبة التي تتيح لذوى الإعاقة السمعية فرص التعليم، وتنمية المهارات الشخصية والاجتماعية والتربوية، ومهارات الحياة اليومية إلى أقصى قدر تؤهلهم له إمكانياتهم وقدراتهم، وبما يساعدهم على التعليم والتوافق الاجتماعي داخل المدرسة أو خارجها ... كما يجب أن تتيح هذه البرامج التربوية والأنشطة الفرص المناسبة لتفاعل التلاميذ المعوقين مع أقرانهم العاديين بصورة تؤدي إلى تقبلهم لبعضهم البعض (عبد العزيز الشخص: 1987).

بالإضافة لذلك يجب أن ترسم الخطة التربوية في مدارس الدمج خصائص الممارسات الخاصة بالدمج وتشمل :

أ- ضرورة دمج كل طفل معوق في البرنامج العادي مع التلاميذ العاديين لجزء من اليوم الدراسي على الأقل.

ب- تكوين مجموعات غير متجانسة كلما كان ذلك ممكناً.

ج- توفير أدوات وخبرات فنية.

د- تعديل المنهج عند الضرورة.

هـ- التقييم المرتبط بالمنهج وإعطاء معلومات حول كيف يتعلم التلاميذ بدلا من تحديد ما بهم من أخطاء.

و- استخدام فنيات إدارة السلوك.

ز-توفير منهج لتنمية المهارات الاجتماعية.

ح- تطبيق الممارسات التعليمية المعتمدة على توافر البيانات.

ط- تشجيع التلاميذ من خلال استخدام أساليب مثل : تدريب وتعليم الأقران، التعليم التعاوني، والقواعد التي من شأنها تنمية الذات وتطويرها(Bradle, J. et al.:2000).

(5) اختيار مدرسة الدمج :

تتطلب عملية الدمج اختيار إحدى مدارس الحي أو المنطقة التعليمية لتكون مركزا للدمج ويرتبط اختيار المدرسة بالبيئة المدرسية التي يجب أن تتحدد وفقا للشروط التالية :

- قرب المدرسة من أحد مراكز التربية الخاصة.

- استعداد مدير المدرسة والمعلمين لتطبيق الدمج في مدرستهم.

- توفر الرغبة والتقبل لدى الإدارة والمعلمين.

- توفر بناء مدرسي مناسب.

- توفر خدمات وأنشطة تربوية.

- أن يكون المستوى الثقافي الاجتماعي لبيئة المدرسة جيدا.

- أن تكون استعدادات المعلمين مناسبة لقيام تجربة الدمج وأن تكون لديهم الرغبة للمشاركة، أو الالتحاق ببرنامج تدريبي خاص بتطبيق برنامج الدمج.

- ضرورة تهيئة التلاميذ العاديين، وتهيئة جو من التقبل والاستعداد أو للتعاون في تحقيق أهداف البرنامج.

- ضرورة تهيئة أولياء أمور التلاميذ العاديين، وشرح أبعاد التجربة للأهل والأبعاد الإنسانية والتربوية والنفسية والاجتماعية لها .

(6) إعداد وتهيئة الأسر :

وتظهر أهمية إشراك الأسر في تحديد فلسفة مدرسة الدمج الشامل بالإضافة إلى مشاركتهم في اتخاذ جميع القرارات التي تؤثر في البرامج التعليمية لأطفالهم ، ويطلب من أسر الأطفال ذوى الاحتياجات الخاصة أن تجرى تعديلا في تفكيرها حول تربية أطفالها.

(7) إعداد وتهيئة التلاميذ :

من الأهمية لضمان نجاح تجربة الدمج فإن من حق التلاميذ أن يكونوا على وعي كامل بالتغييرات الجوهرية في النظام المدرسي.

(8) انتقاء الأطفال الصالحين للدمج :

يتطلب الدمج ضرورة انتقاء الأطفال ذوى الاحتياجات الخاصة الصالحين للدمج ، فالأطفال في الفئات الخاصة لهم خصائص متعددة: فمنهم من تكون إعاقته بسيطة أو متوسطة أو شديدة، ومنهم من تكون مهاراته في التواصل جيدة ومنهم المتأخرون لغويا، ومنهم من يعاني من الانسحاب أو بعض المشكلات النفسية والسلوكية والاجتماعية بسبب عدم تفهم الوالدين للإعاقة أو تقبلها، ومنهم من يكون والداه متفهمين للإعاقة متقبلين لهم ويعملان على مساعدته وفق أسس تربوية سليمة (ماجدة عبيد: 2000).

الشروط اللازمة في الأطفال القابلين للدمج :

1- أن يكون الطفل ذي الإعاقة السمعية من نفس المرحلة العمرية للطلبة العاديين.

2- أن يكون قادرا على الاعتماد على نفسه في قضاء حاجاته.

3- أن يكون الطفل ذي الإعاقة السمعية من نفس سكان المنطقة المحيطة بالمدرسة أو تتوفر له وسيلة مواصلات آمنة من وإلى المدرسة.

4- أن يتم اختيار الطفل من قبل لجنة متخصصة للحكم على قدرته على مسايرة برنامج المدرسة التكيف معها.

5- ألا تكون إعاقته من الدرجة الشديدة وألا تكون لديه إعاقات متعددة.

6- القدرة على التعلم في مجموعات تعليمية كبيرة عند عرض مواد تعليمية .

رابعاً- فوائد عملية الدمج :

إن للدمج فوائد ومزايا متعددة منها :

1- فوائد الدمج للطفل ذي الإعاقة السمعية:

إن دمج الأطفال ذوى الإعاقة السمعية مع العاديين سوف يكون له آثار إيجابية، كما أن الطفل ذي الإعاقة السمعية عندما يشترك في فصول الدمج ويلاقى الترحيب والتقبل من الآخرين فإن ذلك يعطيه الشعور بالثقة في النفس، ويشعره بقيمته في الحياة ويتقبل إعاقته، ويدرك قدراته وإمكانياته في وقت مبكر، ويشعر بانتمائه إلى أفراد المجتمع الذي يعيش فيه .

2- فوائد الدمج للأطفال العاديين :

يؤدي الدمج إلى تغير اتجاهات الطفل العادي نحو الطفل بالإضافة إلى انه يساعد الطفل العادي على أن يتعود على تقبل الطفل المعاق ويشعر بالارتياح مع أشخاص مختلفين عنه.. وقد أوضحت الكثير من الدراسات على إيجابية الأطفال العاديين عندما يجدون فرصة اللعب مع الأطفال المعاقين باستمرار وفي نظام الدمج هناك فرصة لعمل صداقات بين الأشخاص المختلفين.

3- فوائد الدمج للآباء :

إن نظام الدمج يشعر الآباء بعدم عزل الطفل ذى الاحتياجات الخاصة عـن المجتمع، كما أنهم يتعلمون طرقا جديدة لتعليم الطفل، وعندما يـرى الوالـدان تقدم الطفل الملحوظ وتفاعله مـع الأطفال العـاديين فإنهما يبـدأن التفكيـر في الطفل أكثر، وبطريقة واقعية ... كما أنهما يريان أن كثيرا من تصرفاته مثل جميع الأطفال الـذين في مثل سنه وبهذه الطريقة تتحسن مشاعر الوالدين تجاه طفلهما، وكذلك تجاه أنفسـهما (لينش وآخرون: 1999).

4- فوائد الدمج الأكاديمية :

إن للدمج فوائد تربوية وأكاديمية لكل مـن الطـلاب والمعلمـين فالأطفـال ذوى الاحتياجات الخاصة في مواقف الدمج الشامل يحققون إنجازا أكاديميـا مقبـولا بدرجـة كبيرة في الكتابة وفهم اللغة، واللغة الاستقبالية أكـثر مـما يحققون في مـدارس التربيـة الخاصة في نظام العزل.

5- الفوائد الاجتماعية :

تشمل فوائد الدمج الناحية الاجتماعية متعددة لأنه ينبه كل أفراد المجتمع إلى حق المعوق في إشعاره بأنه إنسان وعلى المجتمع أن ينظر له على أنـه فـرد مـن أفراده، وأن الإصابة أو الإعاقة ليست مبررا لعزل الطفل عن إقرانه العـاديين وكأنـه غريـب غير مرغوب فيه (عادل خضر، مايسة المفتي: 1992).

ويرى الباحث أهمية حدوث الدمج في الصغر حتى قبل مرحلة رياض الأطفال ويكون أولا دمج أسرى أي مع أفراد أسرة الطفل ذي الإعاقـة السـمعية ثـم مـع محيط جيرانه وأقاربه، وإعداد الأسرة وتهيئتها لتقبل عمليـة الـدمج بالإضافة لتعديل سـلوك المجتمع لتقبل الدمج والتفاعل الايجابي معه ، وأخيرا ضرورة إحـداث تـوازن بـين الـدمج على المستوى الأسرى والمدرسي .

بعض صور لغة الإشارة

الحروف الأبجدية

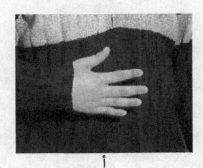

أ

ب

ت

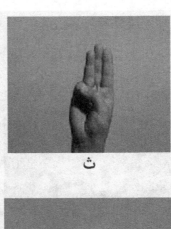

ث

ج

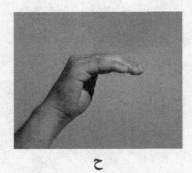

ح

خ

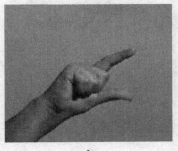

د

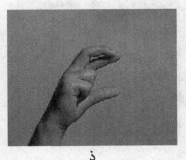

ذ

ر

ز

س

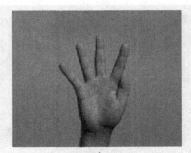

ش

ص

ض

ط

ظ

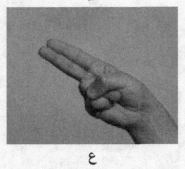

ع

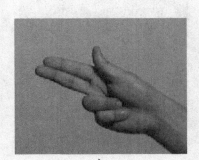

غ

ف

ق

ك

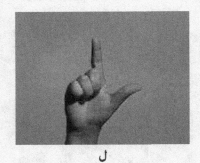

ل

م

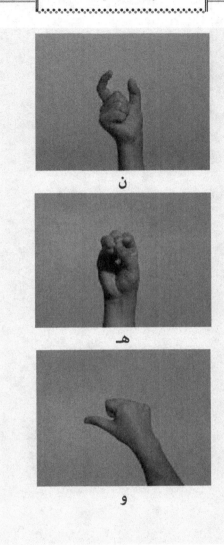

ن

هـ

و

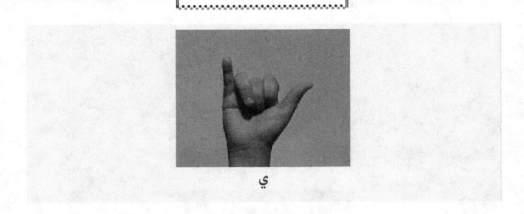

ي

الألـــوان

أبيـــض

أصفــــر

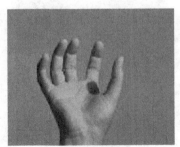

برتقـــالي

وردي

أحمــــر

بنفســـجي

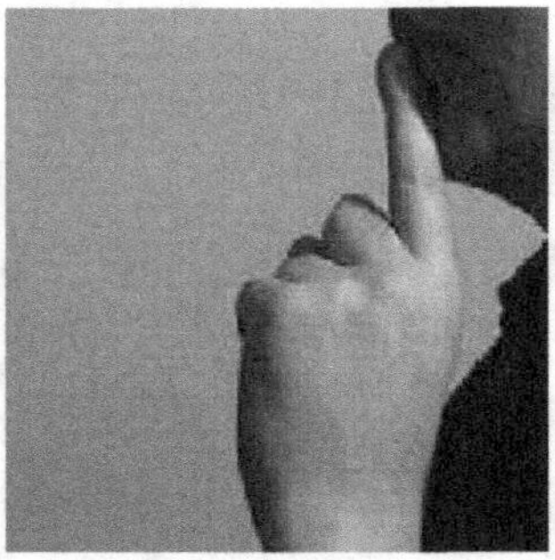

أخضـــر

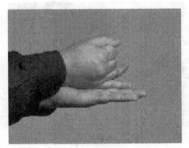

رمـــادي

أزرق

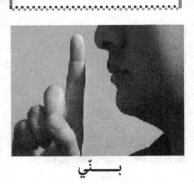

بـنّي

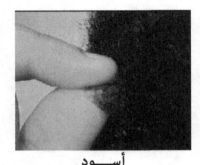

أسـود

أيام الأسبوع

السبت

الأحد

الاثنين

الثلاثاء

الأربعاء

الخميس

الجمعة

أفراد العائلة

الأب

الأم

الأخ .. وله تعبيرين.

2

الأخت .. وأيضاً له تعبيرين

2

الجد

الجده .. ولها تعبيرين

2

** نـــداء **

إنــني لستُ معـاقًا

اسمعوا يا أصدقائي

لو تلاشى السمع منّي

صوتُ ربّي ملءُ صدري

وصــــداه صارَ أذني

اسمعوا يا أصدقائي

اسمعوا الآن ندائي

عندما أذكرُ ربّي تنتهي أمواجُ حزني

اسمعوا يا أصدقائي

المراجع

أولا : المراجع العربية :

- القران الكريم .

- **إبراهيم أمين القريوتي(1999)** : اللائحة الأساسية لـبرامج تأهيل المعوقين بالسعودية لسنة (1990) ، حقوق الطفل الأصم في التربية المبكرة وواقعها في الـوطن العربي، المؤتمر الثامن للاتحاد العربي للهيئات العاملة في رعاية الصم، الشارقة،28-30 نوفمبر،ص.ص.(79-102).

- **أحمد الزعبي (2003):** التربية الخاصة للموهوبين والمتفوقين وسبل رعـايتهم وإرشادهم، عمان ، الأردن : دار زهران للنشر.

- **إبراهيم عباس الـزهيري (1998)** : فلسـفة تربية ذوى الحاجـات الخاصة ونظم تعليمهم ، القاهرة : مكتبة زهراء الشرق .

- **أحمد اللقاني ، أمير القرشي (1999)** : مناهج الصم " التخطيط والبناء " ، القاهرة : عالم الكتب .

- **أحمد السعيد يونس ، مصري عبد الحميـد حنوره (1991)** : رعايـة الطفـل المعوق "صحيا ، نفسيا ، اجتماعيا " ، القاهرة: دار الفكر العربي .

- **أحمد عبد العزيز عقبة (1999)** : تجارب الدمج المدرسي والاحتـواء للصم في الـوطن العربي ، المؤتمر الثامن للاتحاد العربي للهيئات العاملة في رعاية الصم " تأهيل الصـم والقرن الحادي والعشرين " ، الشارقة ، 28-30 نوفمبر، ص. ص.(187- 216).

- اتحاد هيئات رعاية الفئات الخاصة والمعوقين (1997) : حجم مشكلة المعوقين في مصر ، موجز تقرير التجربة الاستطلاعية ، ندوة الاتحاد عن حجم مشكلة الإعاقة في مصر، ص.ص.(17-20).

- السيد عبد اللطيف (1994) : دراسة الاستقلالية لدى الأطفال ضعاف السمع والعاديين " دراسة مقارنة " ، رسالة ماجستير ، معهد دراسات الطفولة ، جامعة عين شمس.

- الإدارة العامة للتأهيل الاجتماعي للمعوقين (1994): بحوث ومؤتمرات اتحاد هيئات رعاية الفئات الخاصة والمعوقين ، مطبوعات المؤتمر السادس لاتحاد هيئات رعاية الفئات الخاصة والمعوقين ،ص.ص.(185 – 204).

- اللائحة التنفيذية لقانون الطفل المصرى (1998) : والخاصة برعاية الطفل المعوق وتأهيله ، " الباب الخامس " ، مادة (157) .

- أسرار القبيلات (2002): دمج المعوقين سمعيا في المدارس العادية ، الندوة العلمية السابعة للإتحاد العربي للهيئات العاملة في رعاية الصم ، الدوحة ، قطر، ص.ص.(169-185).

- أمال محمد قانصو (2002): حق إعادة السمع بتطوير وسائل زرع الحلزون والتأهيل، الورقة العلمية الخاصة بالندوة العلمية السابعة للإتحاد العربي للهيئات العاملة في رعاية الصم ، الدوحة ، قطر ، ص.ص. (35-64) .

- أيمن أحمد المحمدي منصور (1998) : مدى فاعلية كل من السيكودراما والمسرح المدرسي في تعديل السلوك العدواني لدى الأطفال الصم بمرحلة التعليم الأساسي، رسالة ماجستير، معهد الدراسات والبحوث التربوية ، جامعة القاهرة .

- **أيمن أحمد المحمدي منصور** (*2001*) : فاعلية الدراما للتدريب علي بعض المهارات الاجتماعية وآثارها في تنمية الثقة بالنفس لدي الأطفال المكفوفين لمرحلة ما قبل الدراسة ، رسالة دكتوراه ،كلية التربية ، جامعة الزقازيق.

- **ايوجين مندل ، ماكاى فيرنون** (*1976*) : أنهم ينمون في صمت ، ترجمة عادل عز الدين الاشول ، القاهرة : مكتبة الانجلو المصرية .

- **إيهاب عبد العزيز الببلاوي** (*1995*) : العلاقة بين أساليب المعاملة الوالدية والسلوك العدواني لدي ذوي الإعاقة السمعية ، رسالة ماجستير، كلية التربية ، جامعة الزقازيق .

-**إيهاب عبد العزيز الببلاوي ،اشرف عبد الحميد** (*2002*) : الإرشاد النفسي- المدرسي "إستراتيجية عمل الأخصائي النفسي المدرسي " ، القاهرة : دار الكتاب الحديث.

- **جمال الخطيب وآخرون** (*1992*) : إرشاد أسر الأطفال ذوي الحاجات الخاصة " قراءات حديثة "، عمان ، الأردن: دار حنين للنشر والتوزيع .

- **جميل توفيق إبراهيم** (*1990*) : مؤشرات لتأهيل الأطفال شديدي الإعاقة ، اتحاد هيئات رعاية الفئات الخاصة والمعوقين ، المؤتمر الخامس" نحو طفولة غير معوقة"، ص.ص. (285– 310).

- **جيهان يوسف** (*1997*): قالت الصحف ، النشرة الدورية لاتحاد هيئات رعاية الفئات الخاصة والمعوقين بمصر ، العدد (50) ، السنة الرابعة عشر- ، يونيه، ص. ص. (75-80).

- **جيهان يوسف** (*1998*): قالت الصحف ، النشرة الدورية لاتحاد هيئات رعاية الفئات الخاصة والمعوقين بمصر ، العدد (53) ، السنة الخامسة عشر- ، مارس ، ص. ص. (76-80).

- **جيهان يوسف** (*1999*): قالت الصحف ، النشرة الدورية لاتحاد هيئات رعاية الفئات الخاصة والمعوقين بمصر ، العدد (57) ، السنة السادسة عشر ، مارس ، ص. ص. (75-80).

- **جيهان يوسف (2000أ):** قالت الصحف ، النشرة الدورية لاتحاد هيئات رعاية الفئات الخاصة والمعوقين بمصر ، العدد (61) ، السنة السابعة عشر ، مارس ، ص. ص. (75-80).

- **جيهان يوسف (2002):** قالت الصحف ، النشرة الدورية لاتحاد هيئات رعاية الفئات الخاصة والمعوقين بمصر ، العدد (71) ، السنة الرابعة عشر ، سبتمبر ، ص. ص. (77-79).

- **حسن سليمان (1994):** نحو مستقبل أفضل للطفل المعوق، مطبوعات المؤتمر السادس لاتحاد هيئات الفئات الخاصة والمعوقين، جمهورية مصر العربية ، ص.ص.(71-73).

- **حسن سليمان (1998):** الوقاية من ضعف السمع، المؤتمر السابع لإتحاد هيئات رعاية الفئات الخاصة والمعوقين، جمهورية مصر العربية، ص. ص.(203- 207).

- **حسن سليمان (2001):**الوقاية من ضعف السمع ، النشرة الدورية لاتحاد هيئات رعاية الفئات الخاصة والمعوقين بمصر ، العدد (66) ، السنة الثالثة عشر ، يونيه، ص. ص.(58-62).

- **رجب احمد علي (1993) :** دراسة أمبريقية إكلينيكية لبعض سمات الشخصية لدى ضعاف السمع في صعيد مصر ، رسالة دكتوراه: المكتبة المركزية ، جامعة عين شمس.

- **رمضان محمد القذافي (1998) :** سيكولوجية الإعاقة ، ليبيا : الدار العربية للكتاب .

- **رشاد عبد العزيز (1992):** الفروق في بعض القدرات المعرفية بين عينة الأطفال الصم وأخرى من عادى السمع ، مجلة مركز معوقات الطفولة ، جامعة الأزهر ، العدد الأول، ص.ص.(235-259).

- **زينب عبد الرحمن حسن احمد (1998) :** انطباعات مدرسة لمحو أمية الصم ، المؤتمر السابع لاتحاد هيئات رعاية الفئات الخاصة والمعوقين بمصر- "نحو طفولة غير معوقة "، المجلد الثاني، القاهرة ، ص.ص.(319-326) .

- **سامي محمود عبد الرازق ، لورنس بسطا ذكرى(1994) :** التطلعات التعليمية والمهنية وتقدير الذات لدى المعوقين ، المؤتمر السادس لاتحاد هيئات رعاية الفئات الخاصة والمعوقين بمصر " نحو مستقبل أفضل للمعوقين "، القاهرة ، 29-31 مارس ، ص.ص. (195-220).

- **سعيد حسيني العزة (2001) :**الإعاقة السمعية واضطرابات الكلام والنطق واللغة ، عمان : الدار العلمية الدولية للنشر والتوزيع.

- **سميرة شند (1997) :** برامج ذوي الحاجات الخاصة, جامعة عين شمس: مطبوعات الجامعة.

- **شاكر عطية قنديل (1995) :** سيكولوجية الطفل الأصم ومتطلبات إرشاده ،بحوث المؤتمر الدولي الثاني لمركز الإرشاد النفسي، كلية التربية ، جامعة عين شمس،ص.ص. (1-15).

- **عادل كمال خضر، مايسة أنور المفتي (1992) :** إدماج الأطفال المصابين بالتخلف العقلي مع الأطفال الأسوياء في بعض الأنشطة المدرسية، وأثره على مستوى ذكائهم وسلوكهم التكيفي، مجلة دراسات نفسية، ط2، جـ3، ص.ص. (371-390).

- **عادل عز الدين الأشول (1987):** موسوعة التربية الخاصة ، القاهرة : مكتبة الأنجلو المصرية.

- **عبد الحميد يوسف كمال** (*2002*): الأعداد المهني لحالات السمع والتخاطب ،النشرة الدورية لاتحاد هيئات رعاية الفئات الخاصة والمعوقين بمصر، العدد السبعون ، السنة الثامنة عشر ، يونيه ، ص. ص.(13-21).

- **عبد الرازق سيد** (*1995*): طرق وفنيات التواصل بالأصم ، محاضرات مركز التدريب الرئيسى ببورسعيد التابع لوزارة التربية والتعليم .

- **عبد الرحمن خلف سالم** (*1995*): دور وسائل الإعلام في التوعية الشاملة للصم، الورقة الخاصة بالندوة العلمية السابعة للإتحاد العربي للهيئات العاملة في رعاية الصم، الدوحة – قطر ، ص.ص. (202-219)

- **عبد الرحمن سيد سليمان** (*1999*): سيكولوجية ذوى الحاجات الخاصة " المفهوم، الفئات"، القاهرة : مكتبة زهراء الشرق .

- **عبد الرحمن سيد سليمان** (*1997*): سيكولوجية الإعاقة الجسمية والعقلية، لبنان: دار الراتب الجامعية .

- **عبد السلام عبد الغفار ، يوسف الشيخ** (*1985*) : سيكولوجية الطفل غير العادي واستراتيجيات التربية الخاصة ، القاهرة : دار النهضة العربية .

- **عبد العزيز الشخص** (*1985*) : دراسة لحجم مشكلة النشاط الزائد بين الأطفال الصم وبعض المتغيرات المرتبطة " مجلة كلية التربية، العدد التاسع جامعة عين شمس، القاهرة.

- **عبد العزيز السيد الشخص** (*1987*): دراسة لمتطلبات إدماج المعوقين في التعليم والمجتمع العربي ، رسالة الخليج العربي ، مجلة فصلية ، العدد الرابع والعشرون، السنة الثامنة ، ديسمبر ، ص.ص.(50-59).

- **عبد المجيد عبد الرحيم** (*1997*) : تنمية الأطفال المعاقين ، القاهرة : دار غريب للطباعة والنشر والتوزيع .

- **عبد المجيد عبد الرحيم ، لطفي بركات (*1979*)** : تربية الطفل المعوق ، ط2 ، القاهرة : مكتبة النهضة المصرية .

- **عبد المحسن حماده (*2001*)** : الإدراك الحسي- " محاضرات في مقدمة في العلوم السلوكية " ،مطبوعات كلية التربية جامعة الأزهر، ص.ص. (41-71).

- **عبد المطلب القريطى (*1996*):** سيكولوجية ذوى الاحتياجات الخاصة وتربيتهم ، القاهرة ، دار الفكر العربى.

- **عبد المطلب القريطي (*2001*)** : سيكولوجية ذوي الاحتياجات الخاصة وتربيتهم ، ط3، القاهرة : دار الفكر العربي .

- **عثمان لبيب فراج (*1999*أ)** : التكنولوجيا المتطورة لخدمة برامج التربية الخاصة وتأهيل المعوقين ، مؤتمر طب الأطفال بجامعة القاهرة المشترك مع اتحاد هيئات رعاية الفئات الخاصة والمعوقين، النشرة الدورية ، العدد 58، السنة السادسة عشر، القاهرة ، يونيه ، ص.ص.(2-20).

- **على عبد النبى (*1996*):** دراسة مقارنة للتقبل الاجتماعي لدى المراهقين الصم وضعاف السمع والعاديين، ماجستير غير منشورة، كلية التربية ببنها، جامعة الزقازيق.

- **علي على مفتاح (*1988*)** : دراسة الخصائص النفسية للأطفال ضعاف السمع ، رسالة ماجستير ، كلية الآداب ببنها، جامعة الزقازيق .

- **عمرو رفعت عمر(*1998*)** : فاعلية برنامج إرشادي في تعديل بعض الاتجاهات الوالدية نحو أبنائهم من ذوى الحاجات الخاصة " فاقدي السمع ، المتخلفين عقليا ، والذين يعانون من التبول اللاإرادي ، المؤتمر السابع لاتحاد هيئات رعاية الفئات الخاصة والمعوقين بمصر، المجلد الثاني ، القاهرة ، ص.ص. (108-140).

- **فاروق الروسان (*1989*)** : سيكولوجية الأطفال غير العاديين " مقدمة في التربية الخاصة, عمان : مكتبة الجامعة .

- فاروق سيد عبد السلام (1982) :المعوقون وتصنيفهم وخصائصهم الشخصية : مجلة كلية التربية جامعة أم القرى ، العدد العاشر ، ص.ص.(9-55).

- فاروق محمد صادق (1997) : الحاجة إلى حقيبة إرشادية لأسر الطفل المعوق سمعياً " توصية للدول العربية " ندوة اتحاد هيئات رعاية الفئات الخاصة والمعوقين عن حجم مشكلة الإعاقة في مصر، النشرة الدورية ديسمبر ، العدد 52، السنة الرابعة عشر، القاهرة ، ص .ص.(13-26) .

- فاروق محمد صادق (1998): الإعاقة العقلية في مجال الأسرة ، مراحل الصدمة والأدوار المتوقعة للوالدين ، اتحاد هيئات رعاية الفئات الخاصة والمعوقين ، النشرة الدورية ، العدد 55 ، ص.ص.(14-23).

- فاروق محمد صادق (1998) : من "الدمج" إلى "التآلف" و"الاستيعاب الكامل". المؤتمر القومي السابع لاتحاد هيئات رعاية الفئات الخاصة والمعوقين، القاهرة، 8 – 10 ديسمبر، ص.ص. (264 – 294) .

- فاطمة مشهور (1994) : العوامل التي تؤثر على استجابة المعوق النفسية ،الشارقة ، الإمارات : مجلة المنال ، ص.ص. (31-45) .

- فاطمة محمد عبد الوهاب (2002): مهارات معلمات رياض الأطفال المعاقين سمعياً في ضوء التجارب والبرامج العالمية للدمج، الورقة العلمية الخاصة بالندوة العلمية السابعة للإتحاد العربي للهيئات العاملة في رعاية الصم، الدوحة ، قطر ، ص.ص. (73-91) .

- فتحي السيد عبد الرحيم (1982): سيكولوجية الأطفال غير العاديين، الكويت: دار القلم.

- فتحي السيد عبد الرحيم (1983) : قضايا ومشكلات في سيكولوجية الإعاقة ورعاية المعوقين " النظرية والتطبيق " ، الكويت : دار القلم .

- **فتحي السيد عبد الرحيم** (*1990*) : سيكولوجية الأطفال غير العاديين واستراتيجيات التربية الخاصة , الجزء الثاني , (ط 4) , الكويت دار القلم .

- **فتحي السيد عبد الرحيم ، حليم السعيد بشاي** (*1988*) : سيكولوجية الأطفال غير العاديين واستراتيجيات التربية الخاصة ، (ط2) ، الكويت : دار القلم .

- **فوزية حسن الأخضر** (*1993*) : دمج الطلاب الصم وضعاف السمع في المدارس العادية ، ط2، الرياض : مكتبة التوبة .

- **كلثوم احمد علي ، سامي سعيد محمد جميل** (*1998*) : محو أمية المعوقين سمعيا وتحديات القرن الحادي والعشرين ، المؤتمر السابع لاتحاد هيئات رعاية الفئات الخاصة والمعوقين بمصر ، القاهرة ، المجلد الثاني ، ص.ص. (310-318) .

- **كمال سالم سيسالم** (*1988*) : الفروق الفردية لدى العاديين وغير العاديين ، الكويت : دار القلم .

- **لطفي بركات احمد** (*1978*) : الفكر التربوي في رعاية الطفل الأصم ، القاهرة : مكتبة الانجلو المصرية .

- **ماجدة عبيد** (*1992*) : الإعاقة السمعية ، الرياض : مكتبة دار الهديان للنشر والتوزيع.

- **ماجدة عبيد** (*2000*) : الإعاقة العقلية ، الأردن : دار صفاء للنشر والتوزيع .

- **محمد فتحي عبد الحي** (*2001*) : الإعاقة السمعية وبرنامج إعادة التأهيل , الأمارات العربية : دار الكتاب الجامعي.

- **محمد النوبي محمد علي**(*2000*): أساليب المعاملة الوالدية وعلاقتها بمستوي الطموح لدي الأطفال الصم ، رسالة ماجستير ، كلية التربية ، جامعة الزقازيق.

- **محمد النوبي محمد علي(2004):** فعالية السيكودراما في خفض حدة اضطراب الانتباه المصحوب بالنشاط الحركي الزائد وأثره في التوافق النفسي لدى الأطفال ذوى الإعاقة السمعية، رسالة دكتوراه ، كلية التربية ، جامعة الزقازيق.

- **محمد عبد الغفور (1999) :**المتغيرات التي تسهم في تدعيم الاتجاه نحو سياسة إدماج التلاميذ ذوى الاحتياجات الخاصة في الفصول العادية، رسالة ماجستير ، معهد الدراسات العليا للطفولة ، جامعة عين شمس.

- **محمد عبد المؤمن حسين (1986) :** سيكولوجية غير العاديين وتربيتهم ، الإسكندرية: دار الفكر الجامعي.

- **محمد سيد فهمي ،السيد رمضان (1984) :** الفئات الخاصة من منظور الخدمة الاجتماعية (المجرمين – المعوقين) , الإسكندرية: المكتب الجامعي الحديث .

- **مختار حمزة (1979) :** سيكولوجية المرضى ذوى العاهات ، ط4، جدة ، السعودية : دار المجتمع العلمي.

- **مراد حكيم بباوى ، عمرو رفعت عمر(1998) :**برنامج تعليمي اثرائي مقترح لتعديل بعض الاتجاهات نحو مفهوم الذات لدى الأطفال الصم باستخدام الوسائط المتعددة ، المؤتمر السابع للاتحاد ، المجلد الثاني ، الموضوعات التربوية ، القاهرة 8-10 ديسمبر ، ص.ص.(147-165) .

- **مصري عبد الحميد حنوره (1982) :** تنمية السلوك الابداعي عند الأطفال المعوقين خلال المادة المقروءة ، ندوة الطفل المعوق ، القاهرة : الهيئة المصرية العامة للكتاب ، ص.ص.(36-56).

- **مصطفى نورى القمش (2000) :** الإعاقة السمعية واضطرابات النطق واللغة ، عمان : دار الفكر.

- **منال منصور بوحميد (1983) :**المعوقين ، الكويت : مؤسسة الكويت للتقدم العلمي .

- **منى حسن سليمان(*1998*)** :نحو تصميم بلا عوائق لمدارس ذوى الاحتياجات الخاصة، بحوث ودراسات وتوصيات المؤتمر القومي السابع لاتحاد هيئات رعاية الفئات الخاصة والمعوقين بمصر، المجلد الأول ، الموضوعات العامة والطبية والتجارب ،القاهرة ، ديسمبر ، ص. ص. (145-166).

- **وزارة الشئون الاجتماعية (*1996*)** : منشورات الإدارة المركزية للتنمية الاجتماعية رقم (435)، 25 مايو.

- **وزارة التربية والتعليم (*1990*):** قرار وزاري رقم (37) بتاريخ 1990/1/28 في اللائحة التنظيمية لمدارس وفصول التربية الخاصة.

- **وزارة التربية والتعليم (*2002*)** : إدارة التربية الخاصة بالشرقية، إحصاءات العاملين والتلاميذ بمدارس الأمل للصم وضعاف السمع،الزقازيق ،ص.(2) .

- **وزارة التربيـة والتعليـم (*2003*)** : إحصائيات وملفات الطلاب والعاملين بالتربية الخاصة ، قطاع التعليم العام ، الإدارة المركزية للتعليم الأساسي ، القاهرة ، مركز الحاسب الآلي.

- **هدى مصطفى عبد الرحمن (*1998*)** : الاحتياجات التدريبية لمعلمي اللغة العربية بمدارس المعوقين سمعيا بسوهاج , المؤتمر السابع , ص. ص .(270- 285).

- **يوسف القريوتى ، عبد العزيز السرطاوى ، جميل الصمادى (*1995*):** المدخل إلى التربية الخاصة ، الإمارات العربية : دار القلم.

- **يوسف هاشم إمام (*1998*)** : واقع خدمات رعاية وتأهيل المعوقين ، اتحاد هيئات المؤتمر السابع بعنوان " ذوو الاحتياجات الخاصة والقرن الحادي والعشرين في الوطن العربي ، 8-10 ديسمبر، ص. ص.(11-46).

- **يوسف هاشم إمام** (**2000**): أضواء على الحديث في رعاية وتأهيل وتعليم المعـوقين سمعيا ،النشرة الدورية لاتحاد هيئات رعاية الفئات الخاصة والمعوقين بمصر ، العـدد (66)، السنة الثالثة عشر، يونيه، ص. ص. (44-56).

ثانيا : المراجع الأجنبية :

- **Benjamin G. & Wolman. (1973):** Dictionary of Behavioral science , Mac Milan , press , LTD , New York.

- **Bradley-Johnson, Sharon; Dean, Vincent J. (2000):** Role Change for School Psychology: The Challenge Continues in the New Millennium Analyses, Journal Articles Psychology in the Schools, V.(37), N.(1), P.P.(1-5) Jan .

- **Carver, C. S. (1988):** Social Factors in the Development of the Deaf Child Journal Citation, American Annals of Deaf, V.(14), N. (2), P.P.(80-70).

- **Daigle, Daniel; Armand, Francoise(2008):** Phonological Sensitivity in Severely and Profoundly Deaf Readers of French, Reading and Writing: An Interdisciplinary Journal, V.(21),N.(7) ,P.P.(699-717)Oct.

- **Eysseldyke, J.R.& Algozzine , B. (1984):**Introduction to Special Education, Houghton Mifflin Company Boston, Dallas Geneva, Illinois, New Jersey.

- *Gilbertson, Donna; Ferre, Scot(2008)*: Considerations in the Identification, Assessment, and Intervention Process for Deaf and Hard of Hearing Students with Reading Difficulties, Psychology in the Schools, V(45),N.(2),P.P.(104-120)Feb .

- *Good, C. V. (1985)*: Dictionary of Education, McGraw-Hill Book Company, New York.

- *Hadjikakou, Kika; Petridou, Lenia; Styliano, Chryso(2008)*: The Academic and Social Inclusion of Oral Deaf and Hard-of-Hearing Children in Cyprus Secondary General Education: Investigating the Perspectives of the Stakeholders, European Journal of Special Needs Education, V.(23),N.(1),P.P.(17-29) Feb.

- *Hans, Francoise (1973)*: "Deafness and learning": A psychological approach, California, Washington Co. Inc.

- **Hans , Francoise (2008)**: How we can Hear ?, Educational Sciences: Theory and Practice, V(3), N.(5),P.P.(340-347)Jan .

- *Hayes, Cheryl D Flannery, Daniele D. .; Novak, Joseph D.; (2000)*: Financing Early Childhood Initiatives: Making the Most of Proposition 10, Building Community Systems for Young Children .

- *Herder & Herder (1972)*: Problems of deaf children : New York , Toronto London .

- *Hureau, Marcelle S. M.(2008)*: Public Speaking Course and the Hearing-Impaired College Student: Classroom Communication, Challenges, Online Submission.

- *Jackson,, S. (1997)* : The relationship between social skills and psychology – social functioning in early adolescence. Personality and Individual Differences , V.(16), N.(5) ,P.P.(767 – 776).

- *Kathryn. P., Meadow. (1980)*:Deafness and child development, University of California press, Berkeley, Los Angeles.

- *Kauffman (1981)*: Hearing impaired, handbook of special education, university of Virginia, Englewood cliffs, New Jersey.

- *Kilumin,T. & Caustad ,M. (1994)*:The Role of Adaptability and communication in fostering cohesion in families with deaf adolescents : American Annuals of the deaf adolescent, V.(139),N.(3), P.P.(329-335).

- *Liben, L. (1978)*:Deaf children : Academic press, New York, Sanfrensisco , London.

- *Maxwell, Madeline(1985)*: Some Functions and Uses of Literacy in the Deaf Community. , Journal Articles, Reports – Descriptive, Language in Society, V.(14),N.(2),P.P.(205-21) Jun.

- *Morethan & Richard (1980)* : The every day needs of sick and handicapped children and their Families, Tailstock publications, London, New York.

- *Most, Tova(2007)*: Speech Intelligibility, Loneliness, and Sense of Coherence among Deaf and Hard-of-Hearing Children in Individual Inclusion and Group Inclusion, Journal of Deaf Studies and Deaf Education, V(12), N.(4),P.P.(495-503).

- **Pappas, Marjorie L (2000):** The Inquiry Learning Managing Environment School Library Media Activities Monthly ,V.(16),N.(7),P.P.(27-30)Mars .

- **Reilly,R.(1983):** Educational Psychology , Mac Milan , Publishing Co., Inc., New York.

- **Sheila Lynch; Graham, Steven; Temelini, David (1999):**
  Youth with Disabilities Who Are Runaways and/or Homeless: Responding to the Need. Children; '; s Hospital, Boston, MA. Inst. for Community Inclusion , Administration on Developmental Disabilities (DHHS), Washington, DC.

- **Webster, A. (1986) :** Deafness; development and literacy. First ed., New York : Methuen.

الإعاقة السمعية
دليل الآباء والأمهات والمعلمين وطلاب التربية الخاصة

كتاب جديد متخصص يقدم الحديث في مجال ذوى الإعاقة السمعية ...... إذ يتناول العديد من الموضوعات برؤية جديدة ومستحدثة وفقا للتراث السيكولوجي والمتغيرات البيئية والنفسية الجديدة، وهو إزاء ذلك يقدم نمطا شاملا للإعاقة السمعية يتضح من خلاله محاور سمعية هامة تتأثر وتؤثر في المدخلات الراهنة على بيئة ذوى الإعاقة السمعية ويقدم الكتاب عدة فصول تبدأ بمفهوم الإعاقة السمعية وتصنيفاتها وتركيب الجهاز السمعي ومراحل تطور السمع لدى الطفل، وتتعرض لأسباب الإعاقة السمعية وأهم النظريات المفسرة للإعاقة السمعية، وتتناول قياس حدة السمع وطرق الوقاية من الإصابة بالصمم وكيفية حدوث السمع وأهم الانجازات في مجال التربية السمعية ويستعرض كذلك أساليب وفنيات التواصل لدى ذوى الإعاقة السمعية والتعرف على المعينات السمعية وكيفية حدوث السمع، وعلاقة الإعاقة السمعية ببعض مظاهر النمو لدى الطفل سواء النمو الجسمي أو اللغوي أو العقلي أو الانفعالي أو الاجتماعي مع التطرق لطرق الوقاية من الإعاقة السمعية ثم ينتهي بدمج ذوى الإعاقة السمعية في مدارس العاديين.

المؤلف